매출 10배 올리는
카드뉴스 마케팅 비법

이 책을 소중한

_____ 님에게 선물합니다.

_____ 드림

· 자꾸만 사고 싶게 만드는 궁극의 카드뉴스 마케팅 기술 ·

매출 10배 올리는
카드뉴스
마케팅 비법

김도사, 신상희, 설미리 지음

♡ 16,826   ⬚ 3,166   ☆ ⬆ ⤴

위닝북스

마케팅의 최고 무기 카드뉴스로 살아남아라!

고객은 필요에 의해 구입해야 하는 제품 및 서비스더라도 당장 구입을 결정하지 않을 때가 있다. 고객의 "너무 비싸요.", "생각해 볼 게요." 라는 말은 과연 사실일까? 어떤 상황이든 고객이 당장 사지 않는 이유는 나에게서 찾아야 한다. 고객이 필요에 의해 나를 찾아 왔지만 지금 당장 구매하지 않는 이유는 내게서 사야 하는 이유를 얻지 못했기 때문이다. 그런 면에서 카드뉴스는 매출에 화력을 불어 넣어 줄 최고의 마케팅 도구다.

카드뉴스를 통해 나의 브랜드를 매력적으로 이어가고 싶다면 지금 당장 시작할 수 있다. 요즘 많은 이들이 때와 장소를 가리지 않고 관심 정보를 찾아보고 수집한다. 이러한 과정을 통해 자신이 접하는 콘텐츠에서 소통, 공감 포인트를 찾는 것이 현 시대의 마케팅 트렌드다.

김도사는 〈한국책쓰기1인창업코칭협회〉를 운영하며 900여 명의 작가를 배출했다. 그는 사람들이 작가에서부터 강연가, 1인 창업가로 성공할 수 있도록 목숨 걸고 돕고 있다. 그럼에도 사람들이 아직까지도 고민하고 있는 것이 바로 '마케팅'이다.

"얼굴이 드러나는 게 싫어요!"
"마케팅, 시간이 없어서 못하고 있어요."
"마케팅, 어디서부터 무엇을 해야 할지 잘 모르겠어요."

마케팅에 대한 어려움, 두려움, 시간을 한 방에 해결해 줄 수 있는 가장 강력한 도구는 '카드뉴스'다. 가장 쉽게, 가장 빠르게 홍보 효과가 나타나는 마케팅 도구로 카드뉴스만 한 것이 없다. 단순히 카드뉴스 한 장이 경쟁력을 확보하는 데 얼마나 큰 비중을 차지할지 의심이 들 수도 있다. 외형상 디자인이 예쁜 카드뉴스가 전부일 것이라는 생각에서다. 그러나 카드뉴스는 홍보를 하는 그 자체를 목적으로 생각하면 원하는 결과를 얻지 못한다. 홍보 활동도 중요하지만 '어떻게 전달할 것인가'를 먼저 생각해야만 한다.

분명하고 명확하게 메시지를 담은 카드뉴스를 활용하면 고객은 귀담아듣는다. 고객이 카드뉴스를 보자마자 '이거 딱 내 이야기인데!'라며 공감하게 된다면 매출 상승의 효과를 확보하게 될 것이다. 특별할 필요도, 구색을 갖출 필요도 없다. 나의 일상이 마케팅의 일부라고 생각하면 어려운 일이 아니다. 오늘부터 카드뉴스에 공감과 소통의 요소를 담아 홍보를 해 보면 어떨까? 이 카드뉴스 한 장이 나의 브랜드를 살리는 콘텐츠가 되어 줄 것이다.

디자인과 제작에 대한 것보다 먼저 어떻게 메시지를 매력적으로 전달할 것인가를 생각해 보자. 그다음 카드뉴스 기획법, 제작 비법, 매출 올리는 비법 등이 담긴 이 책을 통해 원하는 결과를 성공적으로 얻는 데 드는 시간과 노력을 줄일 수 있게 될 것이다.

마케팅! 말만 들어도 어렵다고 말하는 사람들에게, 그리고 각자 나름대로의 고민도 많고 이유가 있는 이들에게 전하고 싶다. 누군가는 고민만 하고 있을 때 누군가는 어려움을 극복하고 성과를 내고 있다. 이러한 현상이 나타나는 이유는 '생각의 차이'에 있다. 지금 당장 움직이느냐, 머무르느냐의 차이는 엄청나다. 사소한 생각의 차이가 성패를 좌우한다.

지금도 마케팅을 고민하고 있다면 당장 스마트폰을 들고 카드뉴스 만드는 어플을 다운받아 제작해 보길 바란다. 지금은 완벽함과 화려함보다 실행이 우선이다. 아이 엄마라면 아이와 함께한 일상, 육아법, 육아로 인해 얻은 교훈을, 직장인이라면 직장생활에서 느끼는 생각과 가치관 등을 담아 보면 좋다. 이 자체만으로도 누구도 따라 하지 못하는 차별화 전략이 되기 때문이다. 거듭 강조하지만 마케팅은 어렵지 않다. 마케팅의 최고 무기인 카드뉴스로 비즈니스 전쟁에서 살아남길 바란다.

2019년 2월
김도사, 신상희, 설미리

CONTENTS

PART 1 | **고객을 사로잡는 카드뉴스가 답이다**

PART 3 | 10분 만에 파워포인트로 카드뉴스 만드는 법

PART 4 | 카드뉴스에서 텍스트를 잘 보이게 하는 8가지 기술

PART 5 | 잘 팔리는 카드뉴스 디자인 유형 7가지

PART 1

고객을 사로잡는
카드뉴스가 답이다

01
카드뉴스 마케팅,
나는 왜 잘 안 될까?

설미리

요즘 카드뉴스에 대한 수요가 날로 증가하고 있다. 물론 카드뉴스 외에도 콘텐츠 종류는 굉장히 많다. 대표적으로는 동영상 콘텐츠가 있다. 동영상 콘텐츠에 대한 수요 역시 굉장히 높다. 딱딱하고 지루하게 글자만 읽는 것보다 한 편의 영상으로 재미도 즐기려는 사람들이 늘어났기 때문이다. 그래서 대부분의 사람들은 '나도 유튜브나 해볼까?'라는 가벼운 마음으로 시작했다가 금세 포기하고 만다. 동영상 콘텐츠의 경우 촬영과 편집 작업이 병행되어야 하고 콘텐츠 하나를 생산해 내는 시간 역시 굉장히 많이 필요하다. 반면에 카드뉴스는 동영상 콘텐츠보다 제작이 매우 쉽다. 간단한 텍스트와 이미지 하나면 충분하기 때문이다.

"카드뉴스 제작에 관심이 있어서 배우고 싶어요."

나는 마케팅 여왕 신상희 코치와 함께 〈카드뉴스마케팅코칭협회(이하 카마협)〉를 운영하며 다양한 교육과정을 통해 사람들에게 쉽고 빠른 카드뉴스 제작법과 활용 노하우를 아낌없이 알려 주고 있다. 카드뉴스 제작에 대해 배우려는 많은 사람들을 보면서 나는 종종 '왜 사람들은 카드뉴스를 배우려고 할까?'라는 의문이 들었다. 그래서 그 사람들에게 질문해 봤다.

"카드뉴스 배워서 뭐하시려고요?"

"음… 그냥 SNS 홍보 좀 해 보려고요."

SNS 홍보를 하려면 반드시 콘텐츠가 필요하다. 대부분의 SNS 플랫폼은 글과 사진을 같이 올리는 형태로 콘텐츠를 발행하게 되어 있다. 글만 써도 되고 이미지만 업로드해도 되고 동영상만 업로드해도 되는데 말이다. 그 이유는 무엇일까? 바로 '시각적 효과' 때문이다. 사람들은 눈에 보이는 이미지에 시선이 가게 되어 있다. 그러므로 끌리는 이미지로 SNS에 홍보하는 것은 매우 중요하다. 잘 만든 이미지 하나로 하루에 100만 원, 1,000만 원을 벌 수도 있기 때문이다. SNS 홍보를 잘하려면 이미지 콘텐츠 제작은 필수다.

그뿐인가. 요즘 언론 매체에서도 카드뉴스를 활용해 기사를 보도하고 있다. 그 이유는 무엇일까? 가독성을 높이기 위해서다. 글로만 구성된 기사를 읽었을 때 기억에 남는 문장이 있는가? 억지로 기억을 더듬어 봐도 잘 생각이 나지 않을 것이다. 대부분 제목을 보고 기사 하단 부분의 결론만 읽는 경향이 있다. 왜냐하면 길고 긴 뉴스 기사를 모두 읽을 시간도 없고, 읽다 보면 지루해지기 때문이다. 이것을 알고 언론 매체에서는 사람들의 시선을 끌 수 있는 카드뉴스를 선택해 기사 보도에 활용하는 것으로 볼 수 있다.

언론 매체는 대부분 긴 기사를 요약하는 형태로 카드뉴스를 제작한다. 디자인은 나무랄 데가 없을 만큼 완벽하다. 글자 크기, 레이아웃, 문단 정렬, 색상 톤, 기획, 구성 등 벤치마킹하기에 좋은 콘텐츠다.

그러나 수없이 카드뉴스를 제작하고 매일 수많은 카드뉴스를 접하는 나로서는 아쉬운 점이 몇 가지 있다. 그중에서도 '누구에게 전달하려는 메시지인가?'라는 생각을 많이 하게 된다. 카드뉴스를 제작할 때는 '왜' 그것을 만드는지 생각해야 한다. '내가 만든 카드뉴스를 나의 타깃이 왜 봐 줘야 하는가?', '나의 카드뉴스는 고객에게 어떤 것을 기억하게 할 것인가?' 등을 말이다.

나는 카드뉴스라는 개념조차 없을 때부터 SNS 홍보에 활용해 왔다. 남들이 하는 대로 따라 해 보기도 했고, 수없이 수정하고 바꾸는 과정을 반복하면서 노하우를 쌓을 수 있었다. 그 결과 카드뉴스를 어떻게 제작해야 하고 어떻게 노출해야 성과를 내는지도

터득하게 되었다.

광고대행사에서 근무할 때 받은 한 직원의 질문이 아직도 생생하다.

"카드뉴스 그거 혼자 해도 되는 거 아닌가요?"

나는 직급자였고 직원을 관리해야 하는 위치였다. 나의 업무를 하기에도 바쁜 와중에 직원들을 모아 콘텐츠 제작에 대한 교육을 하기도 했다. 직원의 질문은 나를 자극했다.

"자! 그럼 미션 하나 줄게요! 모두 자신만의 카드뉴스를 만들어서 내게 가져오세요. 만든 것에서 그치는 것이 아니라 SNS에 노출한 결과까지도 가져오세요!"

나는 이 말을 하면서도 그 직원에게 큰 기대를 하지 않았다. 왜냐하면 혼자서 카드뉴스를 만들어 오지 못할 것을 확신했기 때문이다. 나의 예상은 적중했다. 시간이 한참 지났음에도 내게 피드백을 받으러 오는 직원은 단 한 명도 없었다. 그래서 내가 직접 직원들에게 물었다.

"왜 한 사람도 결과를 가져오지 않는 거지?"

"과장님, 카드뉴스 만들어 봤는데요. 어떻게 구성해야 할지 난감하네요."

"시간이 한참 지났는데 지금 이런 대답을 한다는 것은 안 해 봤다는 거네?"

"…죄송합니다."

답답한 심정으로 하던 것까지만 정리해서 메일로 보낼 것을 당부했다. 그리고 열어 본 파일은 피드백을 줄 수 없는 수준이었다. 카드뉴스를 기획하는 데 있어서 무엇을 말하고자 하는지 알 수가 없었다. 나는 내 옆자리에 직원을 앉혀 두고 일일이 설명해 주었다. 카드뉴스 제작을 위한 주제 선정, 디자인 콘셉트, 폰트 선정법, 정렬, 크기, 레이아웃 등 모든 것을 말이다. 그리고 한 명의 직원이 나의 설명을 적용하고 나서 SNS에 홍보한 결과를 가져왔다.

"과장님, 알려 주신 대로 하니까 이제 어떻게 만들어야 하는지 감이 잡혀요. 비록 이번에 만든 카드뉴스는 아직 미완성 수준이지만 그래도 사람들이 댓글도 달아 줬습니다."

카드뉴스는 '관심'에서 극명한 차이가 난다. 어떻게 해야 할까 난감해하며 어렵다고 하는 사람에게는 '멈춤'이 있는 것이고, 알려 주는 대로 적용해서 결과를 가져오는 사람에게는 '성장'이 있다. 처음 카드뉴스를 접하는 사람들은 성공사례를 보면서 '나는 안 되겠지? 저 사람이니까 가능한 거야'라며 많이 어려워한다. 하지만 누구나 처음 시작은 미약했고 누군가는 이 순간에도 성장을 위한 노력을 기울이고 있다는 것을 알아야 한다.

내가 카드뉴스를 처음 제작하는 사람에게 반드시 권하는 한 가지가 있다. 자신의 일상을 매일 한 장씩 카드뉴스로 만들어 SNS에 노출하도록 하는 것이다. 이것부터 되지 않으면 다음 단계 진입은 어렵다. 열흘 동안 꾸준히 해 보면 처음 만든 카드뉴스와 비교했을 때 스스로 카드뉴스 제작에 어느 정도 감을 잡을 수 있게 된다.

카드뉴스 마케팅, 나는 왜 잘 안 되는지 한 번이라도 고민한 적이 있는가? 그렇다면 당장 자신의 일상을 카드뉴스로 만들어 노출하길 바란다. 이 방법은 수년간 스스로 고군분투하며 깨달은 나의 엄청난 노하우다. 어릴 적 친구의 일기장을 몰래 훔쳐본 적이 있는가? 성인이 되어서 어릴 때 적어둔 일기를 우연히 본 적이 있는가? 사람들은 남이 어떻게 사는지, 어떤 생각을 하는지 등 일상의 이야기에 매우 큰 흥미를 느낀다. 사람들과 쉽게 친밀감을 가질 수 있는 단계이기도 하다.

카드뉴스는 어려운 것이 아니다. 자신의 이야기를 드러낼 때 더욱 쉬워진다. 나는 고객과 상담하면서 고객이 내게 해 준 일상 이야기부터 말투까지도 그대로 적용해 카드뉴스를 만든 적이 있다. 내가 만든 카드뉴스를 사람들이 보게 하고 카드뉴스로 성과를 내는 방법은 단 하나다. 나의 일상 이야기를 편하게 고객에게 전할 때 그 시너지는 엄청나다.

02

왜 나의 SNS는 조용할까?

설미리

나는 광고대행사의 대기업 브랜드 마케팅 담당 팀에서 과장으로 재직했었다. 우리 팀은 매일 엄청난 콘텐츠를 제작해 확산했다. 그 과정에서 나는 직원들에게 성심성의껏 업무 피드백을 해주곤 했다. 그런데 가끔 '내가 누구를 위해서 이렇게 애쓰고 있지?'라는 생각이 들 때가 있었다. 바로 다음과 같은 상황이었다.

"A씨, SNS에 올렸는데 반응이 없다던 게시글 URL 좀 메신저로 보내 줄래?"

"반응 없어서 지웠는데요?"

여기서 문제는 무엇일까? 그리고 이 문제는 누구에게 있을까? 뭔가를 열심히 하고자 하는 사람에게는 다른 것이 있다. 바로 '자세'다. 나는 이 자세를 굉장히 중요시한다. 배워야 하고 배우는 입장이라면 일단 자신이 먼저 부딪쳐 본 뒤에 질문하는 것이 배움의 기본자세고 예의다. 내가 A 직원의 말에 화가 난 이유는 여기에 있다. 자신이 담당하는 업무라면 적어도 왜 반응이 없는지 그 이유를 점검하고 분석했어야만 했다. 상사인 내게 'SNS에 글 올렸는데 반응이 없다'라고 보고하는 것은 배우려는 자세가 되지 않았다는 것과 같다. '과연 제대로 알고나 했을까?'라는 생각이 들 만큼 A의 신뢰는 바닥을 쳤다.

나는 광고대행사에서 일하기 전 바이럴 마케팅 회사에서 근무했다. 첫 월급은 60만 원이었다. 맨땅에 헤딩하듯 바닥부터 바이럴 마케팅을 배웠다. 지금의 내가 월 매출 1,000만 원을 훌쩍 넘는 1인 기업가로 성장하게 된 원동력이기도 하다. 나는 누구보다 치열하게 배웠다. 꿈에서조차 일을 했고 아침에 눈뜨면 무슨 일을 먼저 해야 할지 계획할 만큼 열정도 넘쳤다. 그렇다고 나처럼 업무에 임할 것을 권하는 것은 아니다. 적어도 한 번으로 그치지 않았으면 한다.

단 한 번에 원하는 결과를 얻을 수 있다면 얼마나 좋겠는가. 그러나 우연히 얻어지는 결과가 과연 얼마나 지속적일 수 있을까. 이것은 절대로 지속적일 수 없다. 홍보·마케팅 분야는 꾸준함이 답이다. 특히 SNS는 내가 운영을 하지 않으면 변화는 일어나지 않기 때문에 반응이 없어도 꾸준히 콘텐츠를 노출시켜야 한다. 처음 시작은 누구나 미약하다. 이것을 모르고 한 번만으로 성과를 얻고자 한다면 어떠한 것도 알려 줄 수 없다.

바이럴 마케팅 회사에 있을 때 나는 생전 처음 맡은 일도 아는 것처럼, 경험이 있는 것처럼 보이게 만들었다. 어느 날은 교육상품에 대한 랜딩 페이지를 기획하고 만들어야 했다. 회사 대표는 내게 "디자인도 볼 줄 알아야 돼."라고 말했다. 나는 대표에게 나의 능력을 보여 주고 싶었다. 나는 교육상품과 관련된 수천 개 이상의 랜딩 페이지를 봤고, 우리 회사에 적용하면 좋을 장점만 추려냈다. 이렇게 만들어진 랜딩 페이지는 온라인에 노출되었고 고객들의 교육상품 구매 문의가 빗발쳤다. 사실 랜딩 페이지 제작은 처음 하는 일이었지만, 기획단계에서 수없이 뒤집어엎고 갈아치우고를 반복했다. 이 과정에서 얻은 것이 많다. 원하는 정보를 얻으려면 어떻게 검색해야 하는지, 어디에 접속해야 빠르게 정보를 구할 수 있는지, 키워드는 어떻게 검색해야 하는지 등을 말이다.

나는 랜딩 페이지를 만든 것에 그치지 않았다. 이것을 활용해 SNS 채널에 노출하기 시작했다. SNS 채널마다 사람들이 선호하는 콘텐츠 유형이 있다. 랜딩 페이지는 반드시 사람들이 끌릴 만한 관심과 신뢰가 바탕이 되어야 한다. 그렇지 않고서는 절대로 승산이 없다. 사람들의 주목도를 높일 수 있는 사실 기반의 결과가 눈에 보여야 한다. 그리고 숫자, 데이터, 전문 자료 등을 주어 관심을 끌고 신뢰를 주는 것이 관건이다.

랜딩 페이지와는 또 다른 것이 바로 블로그다. 블로그는 스토리 중심이다. 블로그에서 랜딩 페이지처럼 결과를 먼저 이야기한다면 사람들이 지루해할 확률이 높다. 쉽게 말하자면, 랜딩 페이지는 결과를 먼저 말하는 방식이고 블로그는 감성형 스토리로 풀어내는 방식이다. 이것을 이해하고 접근해야만 성과도 얻을 수 있다. 그렇지 않은 경우라면 안타깝게도 온라인에서 승산은 없다.

나는 이러한 원리를 파악해 블로그에도 적극적으로 홍보를 하기 시작했다. 우선 정사각형 모양의 카드뉴스를 만들었다. 카드뉴스를 활용한 블로그 홍보 역시 흐름이 굉장히 중요했다. 단순히 전달하고자 하는 상품만을 이야기하는 것보다 먼저 고객의 상태를 확인하며 스토리로 전개해 나가는 것이 효과적이었다. 병원에 가면 어디가 아파서 왔는지부터 묻는 것은 당연한 것처럼 말이다. 이렇게 홍보를 꾸준히 한 결과는 어땠을까?

월 3,000만 원 이상의 매출을 기록해 교육상품 판매팀의 매출 최고치를 달성했다. 나는 매출이 오른 것도 기뻤지만 이보다 더 기쁜 것이 있었다. 나의 전담 업무는 아니었지만, 상담 직원 부재 시 내가 고객의 문의 전화를 받아야 할 때가 있었다. 그럴 때면 고객에게 기억에 남는 글이 있는지 질문했다. 내가 만든 콘텐츠에 대한 피드백을 받는 것도, 성과를 측정하는 것도 고객의 입에서 나오는 말이 가장 정확했다. 고객과 상담한 내용을 기록해 두었다가 블로그 홍보 시 고객의 말투 그대로 적기도 했었다. 이 방법으로 고객의 자연스러운 공감을 이끌어 내었고 단숨에 고객이 원하는 바를 파악할 수 있었다. 그래서 나는 의도적으로 상담 전화를 도맡아 할 때도 있었다. 그리고 고객이 내가 만든 카드뉴스 제목을 읊으며 이야기할 때 가장 행복했다.

나는 우리 부서의 매출을 최고치로 상승시켰다. 그때 내가 처음 하는 일이고 해 봤는데 효과가 없다고 대표에게 보고했다면 매출 최고치 달성을 해낼 수 있었을까? 나는 이 결과는 절대로 그냥 이루어진 것이 아니라고 생각한다.

반면, A 직원은 해 봤는데 효과가 없었다고 말하면서도 월급을 많이 주면 그만큼 더 열심히 하겠다는 말을 종종 했었다. 그러나 이것은 굉장히 잘못된 생각이다. 월급이 적어서 일을 못한다는 것은 핑계다. 나는 월급을 60만 원 받으면서도 꿈에서조차 일을 했다. 왜냐하면 내가 좋아서 하는 일이었기 때문이다. 돈 받는 만큼만 일한다는 자세라면 절대로 성장을 기대할 수 없다. A 직원처럼 한 번 해 보고 반응이 없었다고 상사에게 보고하는 것과 나처럼 수십 번 해 보고 스스로 점검해 나가며 결과를 보여 주는 사람의 미래는 천지차이이지 않을까? 덕분에 4년이 지난 지금도 내가 만든 랜딩 페이지와 카드뉴스는 온라인에서 노출되고 있다.

오늘도 당신의 SNS는 조용한가? 나도 과거에는 왜 나의 SNS는 조용할까 고민을 많이 했다. 여기서 알아야 할 것이 있다. SNS가 조용하다는 것은 문제가 있다는 것이다. SNS를 취미로만 생각하고 운영한 것은 아닌지, 나의 고객은 무엇을 얻기 위해 나의 SNS에 접속하는지, 고객이 나의 SNS에 방문했을 때 문의하도록 하는 경로는 무엇인지 등을 분석해야 한다. 그 방법은 일단 해 보는 것이다. 경험만큼 좋은 피드백은 없다.

그러나 대부분의 사람들은 몇 차례 시도 후 성과가 없으면 포기하기 일쑤다. 그 이유는 혼자서 어떠한 부분이 문제인지 파악하는 것은 어려운 일이기 때문이다. 수없이 고민해 봐도 무엇이 문제인지 방법을 모르겠다면 반드시 전문가에게 노하우를 배워서 시간을 절약해야 한다. 그렇지 않고 혼자서 아등바등 고민만 하다가 전문가를 찾는다면 그때는 이미 늦은 것이다. 누군가는 그 시간에 매출을 상승시키고 퍼스널 브랜딩으로 자신의 몸값을 높여가고 있기 때문이다.

오늘도 당신의 SNS는 조용한가? 그렇다면 당장 그 분야의 전문가를 찾아가 자신의 문제점 분석을 요청하길 바란다. 이 방법만이 시간과 돈을 절약하며 빠르게 성공할 수 있는 절호의 기회다.

03
사람들은 왜
카드뉴스에 열광할까?

김도사

온라인에는 수많은 정보와 콘텐츠가 있다. 사람들은 이미 그것들에 익숙해져 있다. 그만큼 지루함을 느낀다. 이러한 가운데 자신만의 콘텐츠로 사람들의 시선을 사로잡을 수 있는 방법은 무엇이 있을까? 자신만의 콘텐츠를 선정할 때는 자신이 좋아하는 것을 하는 것이 좋다. 그다음 자신이 쉽게 접할 수 있는 콘텐츠로 제작하는 것이다. 누구나 쉽고 빠르게 만들어서 온라인에 노출할 수 있는 콘텐츠는 단연 '카드뉴스'다.

현재 나는 〈한국책쓰기1인창업코칭협회(이하 한책협)〉를 운영하고 있다. 카페 운영 중 알게 된 사실은 많은 사람들이 카드뉴스에 관심을 가지고 있다는 사실이다. 왜냐하면 카드뉴스는 온라인에서 홍보 수단으로 활발하게 활용되고 있기 때문이다. 많은 사람들이 카드뉴스를 활용하는 이유는 단 하나다. 사람들이 끌려하기 때문이다. 온라인과 SNS 채널에 카드뉴스로 꾸준히 마케팅 활동을 하는 것은 가장 쉽게 사람들의 시선을 집중시킬 수 있다. 온라인에서는 글보다는 이미지 콘텐츠가 더 주목도를 높일 수 있기 때문이다. 이렇게 마케팅 활동에 있어 굉장한 도움이 되는 카드뉴스를 제작하는 것에 사람들은 두려움을 느낀다. 그 이유는 무엇일까?

나는 "어떻게 하면 대표님처럼 카드뉴스를 잘 만들 수 있어요?"라는 질문을 많이 받는다. 이런 질문을 받을 때 드는 생각이 있다. '왜 나처럼 하려고 하지?'라는 것이다. 그래서 이들에게 "지금은 절대로 잘하려고 생각하지 마시고 무조건 카드뉴스 한 장을 만들어서 SNS에 노출시킨 것을 보여 주세요!"라고 요청한다. 나는 카드뉴스를 잘 만드는 것도 중요하다고 생각하지만, 어떻게 활용할 것인가를 더 중요하게 생각한다. 그래야만 다음 단계로 이어지고 자신의 능력도 향상되기 때문이다.

잘하건 못하건 무조건 직접 만들어 보아야 한다. 그리고 SNS에 노출시켜 사람들의 반응을 보는 것이 최선이다. 왜냐하면 이것이 기본이기 때문이다. '잘해야지'라는 생각보다 작은 성공을 목표로 할 때 능력은 크게 성장한다.

나는 카드뉴스라고 하는 개념조차 없을 때 카드뉴스를 기획하고 활용해 왔다. 과거 카드뉴스는 카카오스토리에서 굉장한 인기를 얻었다. 어떤 업체는 자신들이 제작한 카드뉴스를 한곳에 모아놓고 특별히 고객에게 주는 서비스인 것처럼 제공했다. 그리고 이 카드뉴스를 접한 사람들은 자신의 채널에 공유를 했고, 그것을 본 지인들도 카드뉴스를 공유했다. 사실 이 업체는 카드뉴스 하나만으로 굉장한 홍보 효과를 본 셈이다. 업체가 제공한 카드뉴스는 궁극적으로는 자신들의 상품을 홍보하는 카드뉴스였다. 단지 광고가 아닌 타깃이 궁금해할 만한 정보를 제공해 주며 자신들의 브랜드를 선택하도록 한 것이었다.

나는 다른 업체를 보며 카드뉴스에 삽입된 사진, 글자 크기, 레이아웃, 색상 등 모든 것을 나만의 노하우로 흡수시켰다. 뿐만 아니라 카드뉴스의 기획, 구성, 스토리 흐름마저도 나의 것으로 만들어 가기 시작했다. 단순히 카드뉴스의 외형만을 놓고 분석한 것이 아니었다. 공유가 많이 된 카드뉴스는 어떤 내용과 흐름이었는지 철두철미하게 분석했다. 하나씩 하나씩 내가 만든 카드뉴스는 온라인에 홍보 수단으로 활용되었다. 카드뉴스를 보고 문의해 오는 콜 수가 늘어나기 시작했다. 콜 수가 늘어남과 동시에 매출도 상승했다. 잘 만든 카드뉴스 한 장의 값어치를 톡톡히 느끼는 순간이었다.

카드뉴스로 성과를 내는 방법은 무엇이 있을까? 이것은 작은 '관심'에서 비롯된다. 나는 댓글 하나만을 가지고도 카드뉴스를 만들어 낼 수 있다. 사람들이 무심코 던진 댓글이라 할지라도 그것은 그 사람만이 느낀 생각이 아닐 것이다. 누군가는 그 댓글에 공감하고 있을 수도 있다는 것이다. 작은 관심으로 시작된 카드뉴스 하나가 사람들의 공감을 불러일으킨다. 그 덕분에 카드뉴스에도 힘이 실리게 된다. 가장 중요한 것은 바로 '관심'이다. 관심이라는 것은 자신이 하는 일에 대한 자세와도 연결된다. 관심이 자세가 되는 것이고 그 자세로 인해 남들이 쉽게 보지 못하는 매출 포인트를 볼 수 있게 되는 것이다. 명심해야 할 것은 사람들이 남기는 댓글은 나에게 주는 엄청난 피드백이라는 점이다. 태클이라는 생각을 하기 이전에 그들이 왜 그러한 댓글을 달았는지부터 생각한다면 당신의 매출은 지금보다 훨씬 크게 오를 것이다.

나는 유튜브 〈김도사TV〉를 운영하고 있다. 취미활동처럼 시작했던 〈김도사TV〉에는 책 쓰는 법, 성공하는 법, 돈 버는 법, 작가 되는 법, 1인 창업 하는 법 등 200여 개의 다양한 콘텐츠들이 업로드되었다. 유튜브를 운영하면서 내가 가장 중요하게 생각했던 것은 '어떻게 하면 더 많은 사람들의 눈에 띌 수 있을지'다. 그 가운데 가장 튀어야 하는 것이 섬네일인데, 그것도 카드뉴스의 일종이다. 거기서부터 눈에 띄지 않으면 구독자를 늘릴 수 없고 구독자를 늘릴 수 없게 되면 〈김도사TV〉를 지속적으로 운영할 수 없게 된다. 나는 영상을 클릭하기도 전에 섬네일을 보고 열광할 사람들을 생각했다.

내가 협회를 운영하며 교육을 진행할 때 거르지 않는 당부가 있다. "전문가라면 내가 빠르게 목차를 만들어 내는 것처럼 카드뉴스도 빨리 만들어야 해!"라는 것이다. 10분 안에 카드뉴스를 만들어야겠다는 생각으로 집중하다 보면 결과는 놀라울 것이다. 1시간이 넘도록 완성되지 않던 카드뉴스가 10분 이내로 완성되는 것을 발견하게 된다. 시간을 많이 투자한다고 해서 100% 만족하는 퀄리티가 나오는 것은 아니다. 고민할 시간에 하나라도 더 만들어서 수정하는 편이 훨씬 효과적이다.

　나를 만나면 어느 누구라도 10분 이내에 카드뉴스를 완성시킬 자신이 있다. 잘하려고 하는 생각만 잠시 접어두면 된다. 나도 잘 하려고 시간을 오래 끌어 봤지만 시간이 길어질수록 지치게 되고 결과는 나오지 않는다는 것을 잘 알고 있다.

　사람들이 왜 카드뉴스에 열광하는지 아는가? 온라인, SNS에서 사람들과 쉽게 소통할 수 있는 홍보 도구이기 때문이다. 대부분의 사람들은 긴 글과 빼곡한 기사를 볼 여유가 없다. 내가 본론을 말 하기도 전에 이미 사람들은 떠나가고 없다. 남들과는 다른 방식으로 나만의 카드뉴스를 만들어 차별화 전략을 세워야만 한다. 사람 들의 시선을 끌 수 있는 유일한 방법은 카드뉴스다. 지금 당장 사 람들에게 전달하고자 하는 메시지를 카드뉴스로 제작해 SNS에 업로드해 보길 바란다. 그런 다음 매출 10배 올리는 비법에 대해 전문가에게 요청한다면 적극적으로 알려 줄 것이다.

돈이 되는 카드뉴스는 따로 있다

신상희

　돈이 되는 카드뉴스를 만들려면 무엇에 가장 먼저 신경을 써야 할까? 바로 매출이다. 누구나 다 아는 이야기이지만 생각한 것만큼 매출을 염두에 두고 행동하는 사람들이 많지 않다. 특히, A라는 목적을 가지고 임하는 중에 '갑자기 이 이야기를 왜 할까?'라는 생각이 들 만큼 본론과는 다른 주제에 매몰되는 경우가 많다. 나는 이 글을 읽고 있는 당신에게 목적이 명확한 돈 되는 카드뉴스 기획법에 대해 알려 줄 것이다.

　사실 돈이 되는 카드뉴스는 당신의 눈에 쉽게 보이지 않는다. 왜냐하면 형상화된 것이 아니기 때문이다. 나는 돈이 되는 카드뉴스를 만들기 위해 소비자의 구매 행동 패턴도 분석한다. 당신은 상품 또는 서비스를 어떠한 이유에서 구매하는가? '필요해서', '지인의 추천에 의해서' 등 여러 가지 이유가 있을 것이다. 그러나 내가 소비자 구매 행동 패턴을 분석한 결과, 사람들이 상품이나 서비스를 구매하는 데는 '논리적인 이유가 없다'는 것을 알게 되었다. 구매를 일으키는 기본적인 욕구에 논리적인 이유가 없다는 것은 무엇을 의미할까? 다름 아닌 '감정'이다. 허영, 허세, 모방 본능의 욕구를 자극하는 명품 브랜드의 제품들을 생각해 보면 쉽게 이해가 간다.

첫째, 허영과 허세는 나와 거리가 멀다고 생각하지 말아야 한다. 사람들은 스타벅스를 참 좋아한다. 나의 친구는 스타벅스만 이용한다. 어느 날 친구에게 "비싸기만 하고 특별히 커피가 맛있는 것도 아닌데 왜 매일 스타벅스만 가니?"라고 물었다. 그 친구의 대답은 "그냥. 뭔가 있어 보이잖아."라는 것이었다. 또, 직장에 다니며 180만 원이 채 안 되는 월급을 받으면서도 명품가방을 들고 다니는 직원이 있었다. 그 직원은 "나에게 있어 명품이란 수고에 대한 보상이에요."라며 야무지게 말했다. 틀린 말이 아니다. 명품가방 하나를 메고 다니는 것만으로 그 사람은 존경과 칭찬, 인정을 받고 싶어 하는 대상이 되는 것이다. 그러한 감정으로 사람들은 논리적인 이유 없이 고가의 명품을 사는 것이다.

둘째, '이익의 확인'은 매우 중요하다. 나는 잘나가는 쇼호스트의 방송을 수없이 봤다. 그가 제품을 팔면 항상 대박이 나는 이유는 '이익의 확인'이었다. 고객들은 구매의사가 없어도 구매 후의 이익을 상상하게 하면 비싸도 사는 경향이 있다. 억대 연봉의 쇼호스트는 이 부분을 굉장히 잘 활용했다. 여러 홈쇼핑 방송을 돌려봐도 제품에는 큰 차이가 없다. 가격에도 큰 차이가 없다. 그러나 판매하는 쇼호스트가 다르면 매출은 달라진다. 그 이유는 상품이 가진 가치와 구매자가 얻을 직접적인 이익에 대해 확인시켜 주었기 때문이다. 카드뉴스도 마찬가지다. 사람들이 얻고자 하는 것이 무엇인지 파악하는 것이 우선이다.

셋째, 모방 본능이라고 하는 감정은 나보다 더 잘난 누군가를 지속적으로 따라 하고 싶어 하는 심리다. 연예인들의 모습을 보면 어떤가. 그들이 입은 옷, 가방, 구두, 헤어스타일, 메이크업 등을 한 번쯤 따라 하고 싶은 욕구가 생겨난다. 연예인들의 모습이 허영, 허상이라 할지라도 누군가는 똑같은 모습이길 바라는 것이다.

구체적으로 소비자의 구매심리 행동 패턴을 나눠 보면 8단계를 거친다고 한다. 관심 → 흥미 → 연상 → 욕망 → 비교·검토 → 신뢰 → 행동 → 만족이다. 돈이 되는 카드뉴스는 매출 향상을 위한 것이다. 나의 고객에게 가장 필요한 것은 무엇이라고 생각하는

가. 바로 '핵심 이익'이다. 구매심리 과정 8단계를 보더라도 가장 핵심은 바로 '이익'에 있다. 상품이나 서비스를 구매할 때 고객은 논리적인 이유가 아닌 자신에게 어떠한 이익이 있을지에 대해 끊임없이 고민하고 비교 분석하게 된다.

돈이 되는 카드뉴스에 반드시 들어가야 할 3단계를 기억하길 바란다. '고객의 니즈 파악 → 고객이 구매 후에 얻을 이익 → 비교'의 흐름대로 카드뉴스를 만들어야 한다. 당장 매출 향상에만 급급하면 고객은 금세 알아차린다. 그것은 고객이 원하는 정보가 아니기 때문이다. 돈이 되는 카드뉴스는 언제나 고객의 입장에서 만들어져야 한다. 이렇게 만든 카드뉴스를 당장 SNS에 홍보하면 사람들은 관심이 생길 것이다. 그리고 당신에게 연락해 올 가능성이 높다. 이렇게 만든 카드뉴스를 보고도 구매를 고민하는 고객이라면 때론 자극을 줄 필요가 있다. 고객의 자존심을 상하게 해서라도 자신이 가지고 있는 욕망의 크기를 확인시켜 줄 필요가 있다. 그래야만 사람들은 변하고 움직인다. 카드뉴스를 통해 얻은 고객이 당신을 고마운 존재로 여겨야만 꾸준한 매출을 유지할 수 있다.

돈이 되는 카드뉴스는 매출이다. 당연한 말 같아도 다시 한 번 새기길 바라는 뜻에서 이야기하는 것이다. 매출이 향상되지 않는 카드뉴스는 헛수고를 하는 것과 같다. 고객이 스스로 사게 하는 방법은 다름 아닌 카드뉴스를 만들어 온라인 전 채널에 홍보를 하는 것이다. 몇 개월 전 지방의 한 기관에서 카드뉴스 컨설팅 요청이 왔다. 몇 번의 거절을 했음에도 간곡히 요청을 해온 터라 어쩔 수 없이 이틀의 시간을 빼서 다녀왔다. 컨설팅을 받는 사람들은 화장품을 판매하는 업체 대표들이었다. 나는 그들이 무엇을 고민하고 있고 무엇이 궁금한지 사전 질문지를 받아봤다. 그리고 그에 맞는 컨설팅을 하기 시작했다.

"대표님, 고객이 대표님을 찾아오게 하는 주력 콘텐츠나 키워드가 뭔가요?"

"글쎄요."

"그럼 지금 어떻게 비즈니스 홍보를 하고 계세요?"

"저는 이것저것 다 해 봤는데 효과가 없었어요. 다른 곳은 아무 것도 안 했는데 잘됐대요."

"대표님, 아무것도 안 했는데 잘되는 것은 이 세상에 없어요. 그들이 어떤 활동을 했으니까 잘되는 겁니다."

"그러니까 그게 어떤 활동인지 궁금하다는 거예요."

컨설팅하는 내내 답답함이 몰려왔다. '내가 이 먼 곳까지 와서 저 사람의 한탄을 들어줘야 하나. 괜히 왔다'라는 생각이 들 정도였다. 그들은 자신의 비즈니스 홍보에 관심을 가지고 있지 않았다. 그저 답답하다고만 말하고 있을 뿐이었다. 그래서 그 자리에 전문가로 초빙되어 컨설팅을 해 주고 있는 내게 힘들다고만 말하고 있었던 것이다. 나를 만났으면 자신이 얻어갈 것을 먼저 생각하고 왔어야 했다. 수많은 이야기들 속에서 단 한 가지라도 얻어갈 수 있다면 그들에게 얼마나 큰 성과인가. 나는 답답함을 뒤로하고 나에게 집중하도록 만들었다. 내가 하는 말에 집중해서 하나라도 얻어갈 수 있도록 강조해서 조언해 주었다.

그렇게 시간은 흘렀고 컨설팅을 마치면서 "오늘 꼭! 저랑 약속하세요! 당장 오늘 카드뉴스를 한 장 만들어서 올려 보시고 제게 따로 연락 주세요."라는 당부를 놓치지 않았다. 결과는 어땠을까? 그들 중 누구도 내게 피드백을 요청하거나 문의하지 않았다. 물론 나도 크게 기대하진 않았다. 그러나 자신의 비즈니스 홍보에 어려움을 느껴서 전문가에게 컨설팅을 받았다면 그날 당장은 아니더라도 연락을 해 오는 것이 맞지 않을까?

돈이 되는 카드뉴스는 매출이 목적이다. 그러나 이 목적을 달성하기 위한 카드뉴스 제작을 어려워하는 사람이 많다. 과정은 생략한 채 매출 향상에만 관심이 있을 뿐이다. 카드뉴스에는 반드시 돈이 되는 비법과 노하우가 들어가야만 한다. 전문가의 눈에만 보이는 돈이 되는 카드뉴스는 따로 있기 때문이다.

05
카드뉴스를 활용해야 하는 이유

설미리

어떤 일이든 홍보가 없으면 성공하기 어렵다. 홍보도 자신만의 방식으로 잘해야 사람들의 관심을 얻고 성장해 나갈 수 있다. 당신은 어떻게 비즈니스 홍보를 하고 있는가? 내가 컨설팅과 강의를 다니며 꼭 하는 질문이 있다.

"홍보 어떻게 하고 계세요?"

그럼 대부분 "인스타그램 하고 있어요.", "광고 대행 맡겨요." 라고 답한다. 나는 이러한 대답에 어느 정도의 매출이 있을지 가늠할 수 있다.

내가 이러한 질문을 하는 데는 이유가 있다. 컨설팅과 강의를 다니다 보면 사람들은 질문을 잘하지 않는다. 그들에게 도움을 주기 위해, 그리고 도움을 요청하라고 하는 질문이다. 홍보를 잘해서 매출을 높이고자 하는 사람이라면 대답부터 다르다. 질문에 대한 재질문이 돌아온다. 자신의 현 상태를 설명하고 자신이 궁금했거나 앞으로의 방향에 대한 조언을 구하려고 할 것이다.

내가 바이럴 마케팅 회사에서 근무할 때였다. 창업사업부의 오 팀장은 나와 동갑인 데다 생각이 비슷해 서로 경험과 지식, 노하우를 실시간으로 공유하는 사이였다. 어느 날, 오 팀장이 사원이던 시절의 상사에게서 과거 이야기를 듣게 되었다.

"오 팀장이 건방져. 굉장히 건방진데 일은 건방지게 해야 돼."

"오 팀장이 왜요?"

"내가 업무 지시를 했는데 자신이 하는 게 맞다는 것을 분석해서 결과로 가져온 거야."

오 팀장은 상사로부터 업무 지시를 받았지만 자신이 생각하는 바와 달라 고민했다. 상사에게 보고해 봤자 그냥 하라는 대답만 들을 것이 뻔하다고 생각한 오 팀장은 자신의 생각이 맞다는 것을 증명해 보이기 위해 테스트를 하기 시작했다. 상사가 지시한 업무는 그대로 진행했고, 자신이 생각하는 방식도 따로 진행하면서 나름대로 비교 분석을 한 것이다. 그리고 그 결과를 상사에게 보고했다고 한다. 오 팀장은 자신의 생각이 맞았다는 것을 상사에게 인지시키면서도 상사로부터 능력을 인정받았다. 오 팀장은 그렇게 누구도 따라올 수 없는 자신만의 노하우를 축적해 갔다.

오 팀장은 블로그 글 2개를 작성해 비교했다. A글은 정성스럽게 시간을 들여 썼지만 내용과 관련이 없는 사진을 등록했다. B의 글은 내용은 짧지만 임팩트 있는 카드뉴스를 넣어서 작성했다. 그리고 똑같은 키워드를 삽입해 두 개의 글을 동시에 노출시켰고 단축 URL을 활용해 클릭 수를 비교했다. 결과는 뻔했다. B의 글을 보고 URL을 클릭한 수가 더 많았다. 이것이 바로 당신이 카드뉴스를 활용해야 하는 이유다.

오 팀장의 상사는 덕분에 자신이 더 성장해야겠다는 생각을 했다고 한다. 상사가 표현한 '건방지다'라는 말은 '제법이다'라는 의미로 생각하길 바란다. 직원이 집요하게 노력하며 치고 올라오는 것을 보고 상사가 움직이지 않을 수 없는 것이다.

나는 이 이야기를 들으며 깨달은 바가 컸다. 모든 일은 자신이 직접 해 보고 노력하면서 전문가의 도움을 받아야 한다는 것을 말이다. 그래야만 자신이 만든 카드뉴스를 어떻게 활용해야 하는지도 알게 되고 그것의 가치를 크게 깨달을 수 있다.

오 팀장의 사례만 봐도 카드뉴스는 사람들의 시선을 끌기에 충분한 콘텐츠다. 왜일까? 대부분의 사람들은 모바일로 정보를 소비하고 있다. 책도 이북으로 보고, 뉴스기사도 모바일로 보며 쇼핑도 모바일로 한다. 그뿐인가. 은행 일도 볼 수 있고 회사 업무도 볼 수 있다. 많은 것을 모바일로 하고 있는 만큼 카드뉴스를 활용하는 것은 매우 중요하다. 왜냐하면 카드뉴스는 모바일에 최적화된 콘텐츠이기 때문이다.

정보 검색을 할 때만 해도 그렇다. 노출 결과에서 사람들은 이미지가 있는 글을 더 많이 클릭한다. 나는 바이럴 마케팅 회사에 다닐 때 일부러 검색 결과에 노출되는 섬네일 이미지까지도 신경 썼다. 왜냐하면 사람들의 시선을 빠르게 사로잡을 수 있기 때문이다.

나는 당장에 내가 노출시키고 싶은 키워드로 인터넷에 검색을 했다. 거의 비슷한 제목에 누구나 상식적으로 알 법한 내용의 글이 가득했다. 많은 글들 속에서 클릭하고 싶은 글이 단 하나도 없었다. 오직 섬네일 이미지가 끌리면 그 글을 클릭하곤 했다. 나는 이러한 정보 검색 패턴이 나만의 행동이 아닐 것이란 생각을 했다. 남들도 나와 비슷하게 정보를 검색할 것이라 확신했다. 그래서 카드뉴스를 만들어 블로그에 홍보 글을 작성해 노출시키기 시작했다. 남들이 하지 않은 것을 빠르게 시도했다.

어떻게 하면 클릭률을 높일까, 어떤 문구를 적어야 사람들의 호기심을 자극할까, 어떻게 하면 가독성 높은 카드뉴스를 섬네일에 보여줄 수 있을까 고민을 많이 했다. 이렇게 고민하고 연구를 하다 보니 자연스럽게 사람들이 무엇을 궁금해하고 무엇을 원하는지 알게 되었다. 나는 나만의 노하우를 회사의 단체 메신저에 공유했다. 그리고 그것을 다른 사업부에서도 적용하기 시작했다.

그러자 경쟁 업체에서도 이 방식을 따라 하기 시작했다. 왜냐하면 카드뉴스로 만든 섬네일 하나로 남들이 올린 글보다 나의 글이 훨씬 돋보였기 때문이다.

카드뉴스로 고객의 시선을 사로잡는 가장 쉬운 방법이 있다. 내가 고객이 되어 보는 것이다. 나는 회사에서 교육상품을 판매하고 있었다. 그 당시 나는 미친 듯이 상품을 팔았다. 결혼도 하지 않았고 당연히 자녀도 없었다. 어린 조카나 사촌동생도 없었다. 자녀가 있는 엄마들의 심리를 파악하지 못했다. 그래서 네이버 육아 카페를 다 뒤지고 다녔다.

학습지 브랜드, 이름, 서비스 등 굉장히 많은 이야기들이 소통되고 있었다. 나는 이들의 대화에 참여해 보기로 했다. 그리고 내가 팔고 있던 교육상품에 대한 서비스, 인지도, 상품 후기 등에 대한 질문 글을 올려 보았다. 하나같이 잘 모르겠다는 댓글뿐이었다. 나는 엄마들에게 질문을 던졌다. 그리고 피드백을 받았다. 내가 판매하는 교육상품에 대한 인지도가 현저히 떨어진다고 했다. 나는 그들에게 지속적인 피드백을 받으며 카드뉴스를 만들어 네이버 블로그, 카페 등 SNS에 홍보하기 시작했다. 신기한 경험을 한 것은 이때였다.

누군가 내가 만든 카드뉴스를 네이버 밴드에 공유했다. 그 글을 보고 상담 문의를 해 오는 엄마들이 꽤 늘어났다. 사실 나는 네이버 밴드에 공유된 글을 보진 못했다. 밴드장이 승인을 해 줘야 가입할 수 있는 비공개 모임이었기 때문이다. 나는 상담을 문의해 온 엄마에게 어떻게 나를 알게 되었는지 물었다. 그러자 내가 만든 카드뉴스 제목을 이야기하는 것이 아닌가. 나는 이때부터 카드뉴스를 활용한 홍보에 박차를 가하기 시작했다.

카드뉴스는 24시간 나를 대신해 홍보해 줄 나의 자산이자 나의 얼굴이다. 그렇기 때문에 카드뉴스에는 내가 전달하고자 하는 메시지보다 고객이 듣고 싶어 하고 원하는 정보를 담아야 한다. 그래야만 고객이 나를 찾아오게 될 것이기 때문이다. 원하는 것이 있다면 고객에게 먼저 물어보자. 쉽게 답을 찾을 수 있다.

나는 이제까지 스스로 판단하지 않았다. 고객에게 피드백을 받으며 카드뉴스로 만들어 홍보활동을 펼쳤다. 고객에게 피드백을 받을 때도 절대 요청하지 않았다. 고객의 입장에서 고객의 첫 느낌을 파악했다. 그래야만 고객의 니즈를 파악하고 뾰족하게 고객의 욕구를 충족해 줄 수 있다. 자연스레 매출이 올라가는 것은 당연하다. 이것이 카드뉴스를 활용해야 하는 이유다.

06
카드뉴스로
잠재고객을 찾아라

설미리

카드뉴스를 만드는 이유는 무엇일까? 대부분의 사람들은 자신의 일을 홍보하고자 카드뉴스를 활용한다. 카드뉴스 외에 다른 콘텐츠 종류는 많다. 그런데 왜 카드뉴스로 홍보를 하는 것일까? 내가 일하지 않아도 알아서 나를, 나의 상품을 판매해 주기 때문이다. 당신의 고객은 어디에 가장 많이 밀집되어 있는가? 그곳에 가면 고객을 찾을 수 있는가? 아무리 사람이 많이 모여 있는 곳에서 홍보를 하더라도 고객이 나의 콘텐츠에 관심이 없다면 허상에 불과하다. 어떻게 해야 많은 사람들을 나의 고객으로 확보할지 차별화 전략을 세워야 한다.

나만의 차별화 전략은 어떻게 수립해야 하는가? 정답은 카드뉴스로 잠재고객을 만들어 내는 것이다. 아무리 온라인과 SNS에 글을 써도 반응이 없다면 답답할 수밖에 없다. 열심히 정성 들여 쓴 글은 스스로 만족하는 수준이지만 당신의 휴대전화는 잠잠하기만 하다면 어떻겠는가? 대부분 무엇이 잘못됐는지 생각하기보다 '왜 연락이 없지?', '해 봤는데 효과 없네'라며 쉽게 포기하고 말 것이다. 그러나 성과는 그다음 단계에서 발생한다. 내가 쓴 글이 반응이 없다면 무엇을 어떻게 바꿔 볼까를 고민해야만 한다.

나는 바이럴 마케팅 회사에서 일할 때 대표에게 엄청나게 혼나면서 일을 배웠다. 나름대로 글도 잘 썼고 이미지도 적절히 업로드했다고 생각했다. 그런데 어느 날 대표가 우리 팀 모두를 한자리에 불러 앉혔다. 업무에 대해 이야기하던 대표의 언성이 점점 높아지더니 나의 글을 예시로 들며 화를 냈다.

"참나. 아니, 야! 이게 지금 이 글이랑 어울리는 이미지야? 어? 봐봐. 야, 너는 그런 생각 안 들어? 이 글이랑 이 이미지랑 무슨 연관이 있어? 안 그래?"

부끄럽기도 했고 화도 났지만 비참했다. 나름대로 홍보하는 글을 열심히 썼지만 성과로 이어지는 것은 아니었기 때문이다. 나스스로에게도 화가 났다. 자존심도 상했다. 하지만 오히려 자존심이 나를 망친다는 생각에 대표에게 집요하게 피드백을 요구했다. 나는 홍보 글을 수정해서 대표에게 다시 보여 주었다.

"대표님, 제가 쓴 글 한번 봐 주세요. 지난번 말씀하신 뒤로 수정해 봤어요."

"나아지긴 했는데… 이건 그냥 일기잖아!"

무엇을 어떻게 쓰라는 것인지 갈수록 어렵기만 했다. '힘들다', '잘 모르겠다', '안 된다'는 생각에 사로잡혀 있던 나는 하루 정도 쉬어가기로 했다. 남들이 써 놓은 글을 보며 클릭하고 싶은 제목, 글의 흐름, 이미지 사용 등을 리스트로 만들어 기록했다. 그러자 대표가 한 말의 의미를 깊이 있게 이해하게 되었다. 나는 생각이 많았고 글에 군더더기가 많았다. 서론이 길어지면서 정작 해야 할 말은 후반부로 가게 되었다. 성과로 이어질 리가 없었다. 그래서 내가 작성한 글을 대폭 줄여갔다. 작성한 글을 줄이는 과정에서 한 문단 전체를 삭제하는 경우도 있었다. 애써 작성한 글의 일부가 삭제된다는 것은 매우 아깝게 느껴졌다.

나는 삭제될 문단을 요약해 카드뉴스로 만들었다. 카드뉴스와 함께 글을 작성하니 1석 2조의 효과가 나타났다. 글은 글대로 정리가 되면서 말하고자 하는 목적이 뚜렷해졌다. 카드뉴스는 카드뉴스대로 SNS에 홍보할 수 있는 콘텐츠로 만들어졌다. 나는 이것을 지속적으로 우리 팀 업무에 활용하면서 꾸준히 노출시켜 갔다. 시간이 어느 정도 지나고 나서 다른 팀 상사가 내게 말했다.

"미리 씨는 요즘 대표님이 칭찬을 많이 하던데? 요즘 굉장히 잘하고 있다고 말이야."

표현이 서툰 대표는 내게 직접적으로 칭찬을 하진 않았지만, 그래도 기뻤다. 나의 노력이 헛된 것이 아니었음을 증명했기 때문이다. 나는 대표의 칭찬에 부응하기 위해 열심히 만든 카드뉴스를 고객이 지나가는 길목에 퍼트렸다. 무조건 상위에 노출되는 것에만 의존하지 않았다. 처음부터 내가 카드뉴스를 홍보 목적으로 만들었던 것은 아니다. 독설을 퍼붓는 대표에게 보란 듯이 나의 능력을 보여 주고 싶었던 과정에서 만들어진 것이었고, 그것이 나만의 노하우가 되었다.

카드뉴스가 온라인 홍보에 최적화된 콘텐츠라는 것을 발견한 순간 나는 무조건 카드뉴스를 노출하기 시작했다. 하지만 카드뉴스를 활용한 마케팅 방법에 대해 알려 주는 사람이 없어서 혼자 고군분투할 수밖에 없었다. 그래서 생각해낸 방법은 키워드 검색이었다. 키워드를 검색한다는 것 역시 고객이 니즈가 있기 때문이라 판단했다. 타깃에 맞는 키워드를 검색해 보면서 그것을 궁금해하는 글이 검색 결과에 노출되어 있다면 반드시 그곳에 가입해서 내가 만든 카드뉴스를 제공했다.

내가 만든 카드뉴스를 처음 본 사람들은 "이거 광고네.", "광고충"이라는 댓글을 등록했다. 사실이기에 부인하지도 않았다. 나는 광고 글로 인식되지 않도록 카드뉴스 홍보 방법을 달리하기 시작했다. 그것은 바로 내가 아닌 제3자의 입을 빌리는 것이었다. 사람들은 '처음'이라는 것에 부담감을 느낀다. 내가 올린 홍보 글에 댓글이 없다면 다른 사람들도 댓글을 등록하려는 생각조차 하지 않는다. 첫 댓글이 부정적으로 달리면 그다음 댓글도 부정적으로 달린다. 나는 카드뉴스를 우리 팀에서 운영하는 채널에 업로드하고 공유를 늘려갔다. 그 당시 카카오스토리가 홍보 채널로 엄청난 인기를 끌었다. 카카오스토리에서는 공유한 사람의 숫자를 확인할 수 있었다. 나는 공유가 많이 된 카드뉴스의 화면을 캡처해 온라인에 홍보했다. 그리고 긍정적인 댓글 1개와 상품 및 서비스를 이용할 수 있는 방법에 대해 문의하는 댓글을 시간차를 두고 작성했다.

이것은 누구에게도 알려 주지 않은 나만의 노하우다. 대부분의 사람들은 콘텐츠를 노출하고 나서 반응이 나타나기만을 기다린다. 그러나 반응을 만들어 내는 것은 내 능력이다. 그러려면 내가 바쁘게 움직여야 한다. 이것이 잠재고객을 나의 진짜 고객으로 만들어 낼 수 있는 방법이다. 고객이 스스로 당신의 상품 및 서비스를 사게 하고 싶은가? 수많은 경쟁자들 속에서 오직 당신에게만 연락이 오게 만들고 싶은가? 그렇다면 지금 당장 움직여야 한다. 당장 고객이 지나가는 길목에 자신만의 카드뉴스를 노출해야 한다.

카드뉴스로 잠재고객을 찾을 수 있다. 카드뉴스는 잠재고객을 나의 단골고객으로 만들 수 있는 최고의 콘텐츠다. 단순히 남들이 만들어 둔 카드뉴스를 보며 모양만 갖춰 SNS에 홍보하는 것은 사람들의 시선을 사로잡지 못한다. 잠재고객이 무엇을 듣고 싶어 하고 무엇을 원하는지부터 파악하는 것이 우선이다. 사람들은 자신의 이익만을 추구하기 때문이다. 고객의 이익이 될 만한 한마디를 임팩트 있게 카드뉴스에 삽입해야 한다.

카드뉴스를 한 번 올려 두고 성과를 바라는 것도 욕심이다. 정기적으로 콘텐츠를 발행해야 성과를 얻을 수 있다. 아무리 바빠도 반드시 올려야 한다는 각오로 카드뉴스를 노출해야 한다. 온라인, SNS의 모든 채널이 이에 해당된다. 꾸준히 콘텐츠를 업로드해야 사람들에게 신뢰를 줄 수 있다. 내가 고객이어도 활성화되지 않은 곳에서 제품이나 서비스를 구매하지는 않기 때문이다. 고객이 지나가는 길목에 카드뉴스를 노출해 두면 잠재고객은 당신의 단골고객이 되어 줄 것이다.

07
카드뉴스로 고객의 마음을 훔쳐라

신상희

나는 〈한국SNS마케팅협회(이하 한마협)〉를 운영하는 대표다. 요즘은 많은 사람들에게 교육 서비스를 판매하고 있지만 과거에 나는 10년 정도 외국 브랜드의 화장품을 세일즈했다.

"나는 꼭 너에게 살게."

자주 연락하지 않던 친구에게서 메시지가 도착했다. 나의 블로그를 보고 연락을 해 온 것이다. 화장품 세일즈를 하면서 느낀 것은 아는 사람이 더 무섭다는 것이다. 아는 사람이라고 해서 화장품을 많이 사 주는 것도 아니었고 오히려 더 신경 쓰게 만드는 존재였다. 3만 원짜리 에센스 하나 사놓고 몇날 며칠을 나를 괴롭힌 친구가 있었다. 앞으로 지인에게는 절대 팔지 않겠다는 결심까지

하게 만들었다. 그러던 찰나 자주 연락하지도 않았던 친구가 꼭 나에게 화장품을 사야겠다는 연락이 썩 반갑지만은 않았다.

"그냥 다른 사람한테 가서 사. 나보다 싸게 파는 사람 많아."

"네가 하는 뷰티클래스에 참여해 보고 싶은데… 너 시간될 때 일정 잡아 줘."

고민 끝에 친구와 약속을 잡았다. 친구는 다른 지인도 데려왔다. 2:1 뷰티클래스를 진행하게 된 것이다. 친구가 데려온 지인과는 서먹했지만 점차 화기애애한 분위기로 발전해 갔다. 나는 이들에게 중간 중간 읽을거리를 제공했다. 바로 PPT로 만든 카드뉴스였다. 화장품 세일즈는 초보였지만 카드뉴스만큼은 세일즈에 최적화해서 제작했다. 이것을 인쇄해서 이들에게 보여 주며 중요한 포인트를 짚어 주었다. 이것은 나에게도 도움이 되었다. 중요한 이야기를 놓치지 않고 성공적으로 뷰티클래스를 마칠 수 있었기 때문이다.

카드뉴스로 읽을거리를 제공한 이유는 '반복의 연속' 때문이었다. 나와 함께 뷰티클래스를 한 사람들은 꽤 되었다. 진행하면 할수록 고객은 같은 이야기를 반복해서 물어왔다. 나 역시 같은 질문에 반복적으로 대답을 해 줘야 했다. 이것은 내게 굉장한 피로감을 주었다. 그런 상황에 정작 전달해야 하는 말은 제대로 하지 못하고 넘어간 적도 많았다. 이러한 피로감을 줄이기 위해 고객에게 카드뉴스를 제공한 것이다.

사실 친구가 데려온 지인은 내가 판매하는 화장품 브랜드에 대해서 들어본 적은 있었지만 실질적으로 접해본 적은 없다고 말했다. 안면도 없던 내게 그녀는 카드뉴스를 보며 평소 자신이 궁금했던 것을 물어왔다. 나는 카드뉴스를 보여 주며 상세하게 설명했고 클래스는 매끄럽게 이어졌다. 그녀는 친구를 따라서 뷰티클래스에만 참여했을 뿐이었고 구매의사도 없었다. 그런 그녀가 나의 친구와 함께 수십만 원이 넘는 화장품을 구입했다.

내가 겪은 카드뉴스는 이런 것이다. 잠재고객도 나의 고객으로 이어지도록 하는 것이다. 나는 그녀의 피부 타입, 고민거리 등을 전혀 접하지 못한 상황에서도 화장품을 팔았다. 매출로 이어진 결과에 카드뉴스가 한몫한 것이다. 뷰티클래스를 진행하다 보면 혼자서 굉장히 바쁘다. 사람의 얼굴을 만지는 직업이기 때문에 나의 말을 대신해 줄 무엇인가가 필요했다. 이것을 카드뉴스가 대신해 주었다. 그리고 카드뉴스는 나의 세일즈까지 도와주었다. 이것이 카드뉴스로 고객의 마음을 훔쳐야 하는 이유다.

카드뉴스로 제품·서비스를 판매할 수 있어야 한다. 나는 어떠한 분야라도 사람들이 꽂힐 만한, 사람들의 시선을 머물게 할 카드뉴스를 만들어 낼 수 있다. 왜냐하면 카드뉴스는 고객의 마음을 훔치는 세일즈 역할을 해 주기 때문이다. 내가 카드뉴스로 어떠한 정보도 없이 화장품을 수십만 원어치 판매한 것처럼 말이다. 카드뉴스로 고객의 마음을 훔치지 못한다면 당신의 비즈니스를 점검해 볼 때다.

　카드뉴스로 고객의 마음을 훔치는 방법을 알고 있는가? 나는 유튜브에서 〈마케팅여왕TV〉를 운영하며 다른 사람의 시선을 끄는 방법을 여러 가지 고민했다. 그중 가장 많은 시간을 투자한 것이 첫 화면이다. 이 또한 카드뉴스의 느낌으로 제작되기 때문이다.

　뛰어난 언변, 화려한 외모, 친절한 서비스 등 고객의 마음을 훔치는 방법은 다양하다. 대부분의 사람들은 이러한 방법으로 고객의 마음을 움직이려고 한다. 하지만 아무리 백 마디를 한다고 해도 고객이 나의 말을 기억하지 못하면 소용없는 일이다. 사람의 마음을 훔치는 일은 고객이 나의 말을 기억하게 하는 데서 시작된다. 고객이 나의 말을 기억하게 하려면 어떻게 해야 할까?

　사람들은 눈에 보이는 콘텐츠를 신뢰한다. 나와 만나는 순간에 내 말에 공감하고 대답은 하지만 어느 정도 시간이 지나면 잊히는 것이 당연하다. 이때 당신이 전하고자 하는 말을 카드뉴스로 대신하면 어떨까? 사람들은 당신의 말에 집중하고 기억하게 될 것이다.

　카드뉴스로 고객의 마음을 훔치는 일은 어려운 일이 아니다. 카드뉴스로 고객의 마음까지 훔치려면 반드시 고객의 언어로 표현되어야 한다. 고객이 쉽게 기억할 수 있도록 고객에게 언어를 제공하는 것이다. 고객의 입에서 나의 상품을 표현하도록 해야 고객이 인지를 하게 된다. 그것이 왜 중요한지를 알게 되고 구매를 할지 말지를 고민하게 되는 것이다.

내가 바이럴 마케팅 회사에 다닐 때였다. 나는 고객 상담 업무도 병행했다. 내가 판매해야 하는 제품명은 길지도 않았지만, 말로 표현하는 것이 어려웠다. 이것을 고객에게 인지시키는 데만 상당한 시간이 걸렸다. 그래서 고객이 인지하기 쉬운 단어로 표현했다. 고객에게 나의 제품명을 인지시키기보다 고객 입장에서 표현하기 쉬운 단어로 수정한 것이다. 이렇게 했을 때 결과는 놀라웠다. 대부분의 상담고객이 제품명을 인지한 뒤로는 구매 프로세스를 물어왔다. 사실 전화 상담을 하면서 카드뉴스를 보여 주기란 어려운 일이다. 그래서 전화 상담 완료 후 바로 메시지로 카드뉴스를 보내 주었다. 그 카드뉴스에는 나의 말을 대신할 정보를 넣었다. 내가 상담했던 내용을 기준으로 말이다.

사람들은 신뢰하기 시작했다. 눈에 보이는 실체, '카드뉴스'라는 것을 보고 말이다. 단순히 제품을 팔려고만 했다면 나의 상품을 고객에게 인지시키지 못했을 것이다. 고객에게 나의 제품을 인지시키는 것부터 먼저 점검해야 한다. 내가 고객에게 제품을 인지시키기 이전에 고객의 입에서 나의 제품명이 나오도록 인지시켜야만 클로징이 쉽다. 이러한 과정에서 가장 중요한 것은 절대로 고객에게 팔려고 하면 안 된다는 것이다. 고객은 이미 나를 판매자로 알고 있지만 사지 않을 생각을 하고 있을지 모른다. 고객이 스스로 사게 하려면 사람들이 나의 콘텐츠를 기억하도록 정보를 제공해 줘야 한다.

고객은 당신의 정보를 기다리고 있다. 세상에 나쁜 제품과 서비스는 없다. 단지 누가 만들고 판매하느냐에 따라 달라진다. 고객은 당신의 제품과 서비스를 기다리는 것이 아니다. 당신의 일상의 콘텐츠를 기다리고 있다. 당신의 생각과 비전, 가치관을 기다리고 있다. 고객은 이미 제품과 서비스에 대한 정보를 알고 있다. 고객은 당신의 제품 정보에 관심이 있는 것이 아니다. 이미 알고 있는 정보를 고객에게 다시 한번 설명하는 것과 당신의 삶 속에 제품과 서비스를 희석시켜 설명하는 것은 차별점이 있다. 당신만의 차별점을 만들어야만 한다. 일상 사진과 짧은 텍스트를 넣은 카드뉴스로 당신의 일상을 콘텐츠로 만드는 것이다. 나의 일상과 삶과 생각은 누구도 따라 할 수 없다. 절대로 카피가 되지 않는 차별화 콘텐츠이기 때문이다.

카드뉴스로 고객의 마음을 훔쳐야 한다. 당신의 가치관과 비전을 카드뉴스로 포장해서 자신을 드러내길 바란다. 당신은 일상을 평범하게 느낄지라도 고객은 특별하게 생각한다. 제품과 서비스에 대한 정보보다는 당신의 일상 이미지에 생각을 적은 텍스트로 카드뉴스를 만들어서 SNS에 노출하면 어떨까? 이러한 카드뉴스를 꾸준히 온라인에 노출시키면 고객은 자연스럽게 당신을 찾을 것이다.

즉 잠재고객에서 고객으로, 고객에서 단골로, 단골에서 팬이 될 수 있다. 당신의 팬은 또 다른 고객을 데려올 것이고, 구매할 수 있도록 스스로 도움을 주기도 한다. 이제는 당신만의 차별화 전략이 필요하다. 세상은 변하고 있다. 변화에 빠르게 적응하고 이것을 수익화하는 것은 당연하다. 나는 이러한 변화에 누구라도 빠르게 따라올 수 있도록 도움을 주는 '카드뉴스 마케팅' 코치로 활동하고 있다.

08
카드뉴스는 첫 3초가
성패를 좌우한다

김도사

사람의 첫인상은 3초 만에 결정된다는 말을 우리는 상식적으로 알고 있다. 굉장히 짧은 순간에 사람들은 상대방의 첫인상을 결정한다. 첫인상은 왜 중요할까? 첫인상은 현대사회 활동에 있어 매우 중요한 요소다. 첫인상이 좋은 사람의 말에는 호의적이며 그의 말에 귀 기울이게 된다. 반대로 첫인상이 좋지 않은 사람에게는 부정적인 편견이 유지된다. 유명 연예인들만 봐도 알 수 있다. 자신이 원하는 이미지를 대중들에게 각인시키기 위해 의도적으로 연출하기도 한다. 이처럼 카드뉴스도 첫인상이 중요하다.

첫인상이 좋으면 몇 마디 대화를 나누지 않아도 그 사람의 말에 귀 기울이게 되듯 카드뉴스도 호의적이어야 한다. 즉, 끌려야 하는 것이다. 끌리는 카드뉴스란, 전달하고자 하는 메시지를 사람들에게 각인시켜 기억하게 만드는 것이다. 이것을 3초 이내에 이루지 못한다면 콘텐츠의 홍수 속에서 살아남기 어렵다. 그렇다면, 3초 만에 끌리는 카드뉴스는 어떻게 만들어야 하는가?

끌리는 카드뉴스를 만들 때 가장 중요한 것은 '고객'이 되어 보는 것이다. 당신은 제품·서비스를 판매하는 비즈니스를 하는 대상이기도 하면서 어느 누군가의 고객이기도 하다. 고객은 자신이 원하는 말과 듣고 싶은 대답을 기다리고 있다. 이것을 카드뉴스로 만들어 보는 것이다. 당신이 고객일 때 느낀 감정과 생각들은 어쩌면 당신의 고객도 느끼고 있을지도 모른다. 이것을 활용한 카드뉴스를 만들어 온라인에 홍보하면 된다.

나는 〈한책협〉을 운영하면서 눈에 보이는 일 이외에 세일즈 업무도 하고 있다. 사람들에게 정보를 주고 공감해 주며 그들과 소통하는 세일즈 업무가 재미있다. 나는 이들과 소통하는 가운데 나만의 콘텐츠를 발굴할 수 있었다. 카페 회원들의 환경과 그들의 상담 내용은 매번 달랐지만, 이들이 내게 물어오는 질문은 대부분 정해져 있었다. 나는 이것을 정리해 나가기 시작했다. 그리고 이것을 카드뉴스로 만들었다.

동기부여는 물론이고 내가 전달하고자 하는 말을 짧고 강력한 메시지로 담았다. 자신의 생각과 다르면 거부반응을 보이는 사람도 있지만 대부분 나의 카드뉴스에 공감했다. 성공, 도전, 책 쓰기, 마케팅 등 나의 모든 노하우를 담은 메시지는 강력했다. 한번은 "쫌!"이라는 한마디에 담긴 수많은 의미를 깨달은 회원 한 명이 쪽지를 보내왔다.

"김도사 님, 감사합니다. 그동안 너무 삶을 편하게 산 것 같습니다. 도전하며 살겠습니다. 도사님의 강력한 메시지 하나가 한 명의 삶을 바꾸었습니다."

나는 이 메시지를 받고 나의 독설이 담긴 카드뉴스가 사람들에게 약이 된다는 것을 확신했다. 3초 만에 결정짓는다는 카드뉴스의 이미지가 결국 오프라인상의 나의 이미지를 결정짓는다는 것도 알게 되었다. 〈한책협〉 카페에는 지금도 수많은 카드뉴스가 돌아다닌다. 회원들이 퍼 나르는 카드뉴스는 내가 주는 메시지이기도 하지만 결국 스스로에게 하고 싶은 말이 되기도 한다.

잠재고객이라고 할 수 있는 회원들을 대상으로 만든 카드뉴스는 어떤 내용을 담고 있을까? 바로 그들이 궁금해하는 내용이다. 그 내용을 먼저 파악하고 카드뉴스를 만든 덕분에 〈한책협〉 내에는 저가, 고가 상품을 구매하려고 하는 사람들이 매우 많다. 적게는 김도사가 사용하고 있는 다이어리, CD부터 많게는 고가 도서까지…. 우리는 다양한 상품을 전하고 있다. 이 또한 잘 만든 카드뉴스 하나가 오프라인 매출로 이루어지는 계기가 된 것을 알려 준다.

현재 나는 〈한책협〉을 운영하며 카드뉴스, 책 쓰기 코치로 활발히 활동 중이다. 여러 사람들에게 카드뉴스 마케팅에 대한 필요성을 전하며 느낀 것이 있다. 카드뉴스는 절대로 어렵게 접근하면 안 된다는 것을 말이다. 나는 카드뉴스를 배우려는 사람들에게 말해 왔다. 카드뉴스는 3초 안에 사람들의 시선을 사로잡아야 한다고 말이다. 이렇게 말하면 사람들은 굉장히 어려워한다. 주제는 무엇으로 해야 할지, 콘셉트는 어떻게 정할지, 디자인은 어떻게 해야 할지 등 여러 가지를 한꺼번에 고민하는 것이다. 그러나 나는 단 한 번도 여러 가지를 한꺼번에 생각하라고 말한 적이 없다. 왜냐하면, 카드뉴스는 어렵게 생각하면 절대로 꾸준히 만들어 내지 못하기 때문이다. 즉, 카드뉴스로 꾸준히 당신의 비즈니스를 홍보하지 못한다는 말이다.

3초 안에 사람들의 시선을 끄는 카드뉴스를 만드는 방법은 간단하다. 당신의 일상을 카드뉴스로 드러내면 된다. 나의 일상, 생각이 콘텐츠가 되는 것이다. 사람들은 자신과 비슷한 사람에게 끌리기 마련이다. 생각이 비슷하면 그 사람과의 공감대 형성도 잘될 뿐만 아니라 공감의 폭이 깊어져 그 사람에게 더욱 관심을 가지게 될 확률이 높기 때문이다. 결론적으로 사람의 시선을 3초 안에 사로잡으려면 자신을 드러내야 한다. 그랬을 때 사람들은 당신이 하는 말에 집중하게 될 것이다.

끌리는 카드뉴스를 만드는 것은 어렵지 않다. 당신의 생각과 가치관 등 모든 일상을 카드뉴스에 담아내는 것이 먼저다. 이렇게 했을 때 카드뉴스를 꾸준히 만들어 낼 수 있고 온라인에 노출할 수도 있다. 처음부터 어렵게 접근하면 절대로 간단한 카드뉴스라 할지라도 만들어 낼 수 없게 된다. 무엇이든 처음 시작은 재미있어야 하고 즐기면서 할 수 있어야 한다. 먼저, 자신의 일상 사진 위에 자신의 생각을 글로 표현한 카드뉴스 한 장을 만들어 SNS에 노출하길 권한다. 지금 당장 움직이고 실천하는 것이 당신의 비즈니스에 날개를 달아 줄 시작이 될 것이다.

나는 카드뉴스로 〈한책협〉 회원들과 소통했다. 무슨 말인가 하면, 나는 내 생각을 어딘가에 기록하고 싶었다. 기록하고 들여다볼 수 있는 시스템을 찾고 있었고 그것이 바로 네이버 카페였다. 매일같이 네이버 카페에 나의 생각을 정리한 카드뉴스를 만들어 포스팅했다. 그리고 우연히 나의 카페를 본 회원이 수시로 드나들며 내 글을 읽어 내려갔다.

그저 나 스스로 만족하기 위해 만들어서 포스팅한 카드뉴스가 누군가와 생각을 공유하고 공감하며 그들과 소통할 수 있는 계기가 되었다. 나는 이 과정을 통해 사람들의 시선을 사로잡는 카드뉴스는 어려운 것이 아님을 깨달았다. 사람들의 시선을 사로잡는 카드뉴스는 반드시 내가 중심이 되어야 한다. 남의 생각도 아닌 나의 생각이 중심이 되어 나를 드러내는 것부터 시작되어야 한다.

그래야만 사람들은 나의 말에 귀를 기울이게 되고 내가 하는 비즈니스와도 쉽게 연결 지어 설명할 수 있게 된다.

카드뉴스는 첫 3초가 성패를 좌우한다. 자신의 일상을 드러내고 그들과 소통해야 한다. 카드뉴스는 소통이 가장 중요하다. 사람들은 자신에게 이익이 없다고 판단되면 콘텐츠를 읽지도 보지도 않는 반면, 자신과 비슷한 생각을 가진 사람의 콘텐츠에는 더욱 관심을 갖는다. 이것이 3초 안에 카드뉴스로 사람들의 시선을 사로잡는 나만의 비결이다.

누군가는 말할 것이다. 카드뉴스는 홍보 수단일 뿐 정보만 제공하면 되지, 왜 소통이 우선이냐고 말이다. 맞는 말이다. 카드뉴스는 모바일에 최적화된 홍보수단에 불과하다. 하지만 온라인에는 수천, 수백만 개의 카드뉴스가 존재한다. 이들과의 경쟁에서 살아남을 수 있는 전략은 나만의 콘텐츠뿐이다. 내가 보낸 하루를 누군가 카피할 수 있는가? 1분 1초도 나와 같은 일상을 보낸 사람은 세상에 없다. 카피하지도 못하는 나만의 콘텐츠는 일상부터 드러내는 것이다. 그래야만 사람들은 내게 문의를 해 올 것이며, 나의 말에 귀를 기울여 나를 전문가로 인식하게 될 것이 분명하다.

PART 2

'좋아요'를 부르는
콘텐츠 기획하기

01
'좋아요'를 부르는 콘텐츠는 따로 있다

김도사

꽝장히 인기가 좋은 콘텐츠를 자신의 페이지에 똑같이 공유해도 같은 반응을 기대하기란 어렵다. 왜냐하면 페이지의 특성에 따라 콘텐츠의 성향이 달라지기 때문이다. 그렇다면 '좋아요'를 부르는 콘텐츠는 어떤 것일까? 사람들이 좋아하는 콘텐츠는 여러 가지가 있지만 본질적으로는 사람들이 기억하게 만드는 콘텐츠가 가장 매력적이다. 콘텐츠 제작자의 입장에서는 시간을 투자한 만큼 콘텐츠의 반응을 긍정적으로 이끌고 싶겠지만 소비자의 입장은 반대다. 수많은 콘텐츠들 사이에서 특별한 것을 원하고 있기 때문이다.

사람들이 바라는 특별한 콘텐츠라 함은 결코 창의적인 것이 아니다. 조금만 관점을 바꿔서 생각하면 기발한 아이디어라고 인기를 끌기 쉽다. 배달의 민족에서 주최한 '치믈리에' 자격시험은 이를 증명하기에 충분하다. 사람들이 선호하는 콘텐츠에 대해 이야기하다가 갑자기 치믈리에 이야기를 하는 것에는 이유가 있다. 조금만 관점을 바꾸면 사람들을 움직이게 만들 수 있기 때문이다.

나는 처음에는 '치믈리에' 자격시험이 그저 장난에 불과하다고 생각했다. 그러나 매회 진행되면서 참여자 수는 기하급수적으로 증가했다. 우습게 여기고 지나칠 법한 퍼포먼스로 치부할 수도 있었으나 배달의 민족은 이를 대성공시켰다. 이 과정에서 사람들이 알아서 '치믈리에' 자격시험에 대해 홍보하고 있었다는 것을 알아야 한다. 즉, '좋아요'를 부르는 콘텐츠라 함은 사람들이 자연스럽게 스스로 홍보하게 하고 행동의 변화를 일으킬 수 있어야 하는 것이다.

광고대행사에 카드뉴스 제작을 의뢰한 적이 있다. 〈한책협〉의 강력한 마케팅 결과를 원했기 때문이다. 유명 페이스북 페이지에 제휴를 맺어 노출시켰다. 그러나 결과는 원하는 목표에 현저히 부족했다. 그저 단순히 '좋아요'만 소소하게 증가하는 수준이었다. 나는 '마케팅 대행사를 통해 광고를 했는데 왜 이럴까?' 생각했다. 그리고 대행사에 이유를 찾아내라고 요청했다. 이렇다 할 댓글마저도 없었기에 결과가 좋지 못한 이유가 정말 궁금했다.

우연한 계기에 집 앞 상가에서 대학생들의 대화를 엿듣게 되었다. 그들은 여름휴가를 어디로 가야 할지 고민하고 있었고, 인터넷 검색을 하고 있었다. 대학생 A는 "야, 여행 가고 싶어서 검색해봐도 광고가 너무 많아서 짜증나지 않냐?"라며 짜증 섞인 말투로 친구에게 말했다. 나는 이 말에서 A는 광고가 많아서 짜증났다기보다 원하는 정보가 광고에 가려져 찾기 어려웠기 때문에 짜증을 느낀 것이라 판단했다. 왜냐하면, 원하는 정보를 습득 중이었다면 광고가 있어도 끝까지 보게 되는 것이 사람의 심리이기 때문이다.

나는 A를 통해 알게 되었다. 우리가 의뢰한 카드뉴스는 대행사 직원들의 업무 보고용으로만 잘 만든 카드뉴스였다는 것을 말이다. 고객이 원하는 것이 무엇인지를 강조하는 것이 아니라 잘 포장된 보고서를 만들기 위한 하나의 수단이었던 것이다. 그때부터 나를 마케팅하기 위한 카드뉴스 제작을 직접 하게 되었다.

큰돈을 투자한 뒤에야 어떤 부분이 문제인지 파악되었다. 나는 우리 브랜드에 긍정적으로 답해 주는 고객의 한마디를 필요로 했다. 프로모션을 이슈화시켜 참여율을 높여야 했기 때문에 콘텐츠 생산과 노출은 지속되어야 했다. 나는 잠재고객을 끌어올 방법을 계속해서 생각했다.

나의 전략은 1석 10조의 효과를 보는 것이다. 무슨 말인가 하면, 나는 책 쓰기 분야 카드뉴스에 명확하게 타깃팅을 나누었다. 그리고 타깃팅을 나눈 카드뉴스를 적합한 SNS 채널과 커뮤니티에 확산했다. 타깃팅을 나눈 것만으로도 사람들의 반응은 폭발적이었다. 하지만 가장 큰 미션이 한 가지 더 있었다. 프로모션 참여율을 높여야 하는 것이었다.

사람들이 행동하도록 유도하기 위해서는 고객의 입장에서 메시지를 전달해야 했다. 고객에게는 자신이 당첨될 확률이 높다는 메시지를 어필해야만 참여하는 속도도 빠르고 긍정적인 반응이 증가한다. 자연스럽게 '좋아요' 수도 늘어났고 고객이 스스로 홍보하는 것도 늘어나게 되었다.

한 번의 실패로 더 큰 성과를 낼 수 있었던 것은 생각을 조금 비틀어 보았기 때문에 가능했다. 누구라도 콘텐츠를 만들어 온라인에 노출했을 때 긍정적인 반응을 얻고 싶을 것이다. 그러나 사람들은 절대로 당신의 콘텐츠를 시간을 내서 봐 주지 않는다. 이미 비슷한 콘텐츠가 넘쳐나고 있으며, 자신에게 이익과 혜택이 없다고 판단하는 콘텐츠는 지루해하기 때문이다. 그럼에도 불구하고 사람들의 시선을 사로잡을 수 있는 콘텐츠는 바로 '카드뉴스'다.

사람들은 비즈니스를 할 때 뭔가 부족하다고 판단해 말을 많이 하게 된다. 그리고 더 많은 정보를 제공하기도 한다. 그러나 이런 행동은 오히려 고객을 더 밀어내는 것일 뿐 도움이 되지 않는다. 사람들은 긴 문장, 긴 글보다 짧고 간결한 콘텐츠를 더욱 많이 소비한다. 사람들의 시선을 사로잡고 싶다면 사람들이 기억할 수 있는 자신만의 슬로건이 필요하다. 이 슬로건은 단편적일 것이 아니라 당신의 비즈니스를 대표할 슬로건이어야 한다. 잘 만든 슬로건은 캠페인이 될 수 있고 사람들이 기억하기 쉬운 메시지가 된다. 가장 강력한 자신만의 슬로건으로 카드뉴스를 제작해 SNS에 노출한다면 사람들은 당신을 기억하게 된다.

나는 현재 수많은 사람들에게 카드뉴스를 활용한 마케팅 노하우를 코칭해 주고 있다. 그들이 꼭 한 번씩 하는 말이 있다. "카드뉴스 주제와 제목 정하는 것이 어려워요."라는 것이다. 이런 질문을 하는 이유는 단 하나다. 비주얼적으로 굉장히 잘 만든 카드뉴스를 보고 자신도 똑같이 따라하려는 습성 때문이다. 물론, 카드뉴스는 비주얼도 굉장히 중요하다. 처음부터 잘하려는 생각을 비우고 알려 주는 대로 따라 오면 나의 노하우를 빠른 속도로 체득할 수 있다.

나는 잘하려고 하기보다 우선 오늘의 목표를 세우고 그것을 달성하는 것에 집중하도록 알려 주고 있다. 오늘의 목표는 단계별로 정해 두고 시작하는 것이 좋다. '자신만의 슬로건 정하기', '슬로건으로 카드뉴스 만들어 보기', '카드뉴스 제작 후 SNS에 노출하기'다. 슬로건을 정할 때 어려운 문장이나 멋있어 보이는 문장은 삼가야 한다. 자신이 이해하기 어렵다면 고객도 어렵다고 느낄 것이기 때문이다.

'좋아요'를 부르는 콘텐츠는 다른 것이 있다. 그 차이를 찾지 못한다는 것은 가치를 발견하지 못한 것과 같다. 콘텐츠에도 생명을 불어넣어야 한다. 자격증 시험장 앞에 가면 컴퓨터용 사인펜을 판매하는 장사꾼들이 많다. 이들은 모두 똑같은 컴퓨터용 사인펜을 팔고 있다. 당신이 이들 중 한 사람이 되어 판매한다고 가정했을 때 어떠한 가치를 전달할 수 있는가? 어떤 이는 가격을 어필할 것이고 또 어떤 이는 서비스나 성능에 대한 이야기를 할 것이다. 그러나 내가 판매하는 컴퓨터용 사인펜을 사야 하는 이유에 대해서 설명하면 어떨까. 내가 파는 컴퓨터용 사인펜을 사면 합격한다는 가치를 전달하는 것이다. 지난번 자격증 시험에서 합격한 사람들 중 다수가 나에게 컴퓨터용 사인펜을 사간 사람들이라고 말이다. 그러면 사람들은 똑같은 제품이더라도 나에게 구입하려 하지 않을까.

사람들은 엄청나게 기발하고 창의적인 콘텐츠를 기대할 것이라 생각하지만 그 반대다. 똑같은 콘텐츠들 사이에서 조금은 다른 점을 찾아내고 그것이 자신이 생각하지 못한 부분이라면 더욱 호의적일 수밖에 없다. 고객의 시선을 사로잡으려면 자신만의 슬로건을 이용한 카드뉴스를 제작해 자신을 드러내야 사람들이 당신에게 집중하고 반응하게 될 것이다. '좋아요'를 부르는 콘텐츠는 따로 있기 때문이다.

02
잘 팔리는 콘셉트에는
이유가 있다

설미리

나는 돈, 명예도 얻고 싶었고 누구보다 성공한 여성이고 싶었다. 그래서 안정적인 직장을 떠나 화장품 세일즈를 하기 시작했다. 내가 화장품 세일즈에 뛰어들 당시 굉장히 잘나가는 상위 직급자가 있었다. 나와는 그룹이 같았지만 활동은 전혀 달랐기 때문에 센터에서 인사만 나누는 정도의 사이였다. 하지만 성공하고 싶고 돈을 많이 벌고 싶은 마음이 간절했던 나는 그 직급자에게 무턱대고 비법이 무엇인지, 어떻게 하면 세일즈를 잘할 수 있는지 물었다.

"저도 비법 좀 알려 주세요."

"그냥 열심히 잘하면 돼요."

나는 웃으면서 알겠다고 했지만 속으론 불만이 생겼다. 나를 굳이 챙겨 줄 이유가 없다는 것인가 하는 생각도 들었다.

그로부터 수개월이 지나고 나는 화장품 세일즈를 그만두게 되었다. 온라인 마케팅의 중요성을 알고 블로그를 운영하던 중 우연한 계기로 지인을 통해 바이럴 마케팅 회사에 취직하게 되었다. 일을 하다 보니 그때 그 상위 직급자의 온라인 활동이 눈에 들어왔다. 그의 활동은 대단했다. 나는 이러한 활동을 보지 못한 채 세일즈 비법에 대해 질문을 한 것이 미안하기까지 했다. 그의 노하우를 고생 하나 없이 베끼려고 했던 것이다. 그는 블로그, 옐로아이디, 카카오스토리, 페이스북, 밴드 등 여러 SNS 채널을 두루 활용하고 있었다. 그리고 그 채널에 맞는 콘텐츠를 노출하고 있었다. 나는 그의 온라인 활동을 분석하기 시작했다.

그는 일상에서 쉽게 지나칠 수 있는 작은 것 하나도 콘텐츠로 만들어 노출했다. 특히, 자신의 타깃을 명확히 했다. 아이가 둘 있는 워킹맘으로서 가장 쉽게 공감하고 느낄 수 있는 것들을 콘텐츠로 만들어 노출했던 것이다. 아이가 있는 엄마라면 다들 공감할 만한 콘텐츠였다. 멋있고 세련된 말보다 자신의 얼굴, 아이들 사진, 일상 사진에 자신의 생각과 가치관, 그리고 화장품 사용 시 겪은 경험 등을 카드뉴스로 제작해 자신을 알리고 있었다. 디자인적 감각은 조금 부족해 보였다. 그러나 문제가 되진 않았다. 한마디의 메시지가 고객을 이끌었기 때문이다. 실제로 사람들은 화장품에 대한 문의를 해 오는 것이 아니라 그의 한마디 한마디에 공감하며 연락을 해 오는 일이 많았다. 그러면서 함께 일을 하는 파트너도 늘고 화장품도 잘 팔았다. 당연히 매출 역시 그룹 내 1위였다. 그 사람이 바로 지금 〈카마협〉을 함께 운영 중인 '마케팅 여왕' 신상희 코치다.

나는 이때 깨달았다. 잘되는 데는 다 이유가 있다고 말이다. 그리고 한 가지 더 중요한 것이 있다면 가치를 보는 눈이다. 비법과 노하우를 베끼기 위해 혈안이 되어 있을 때는 왜 저 사람이 잘되고 있는지 보이지 않았다. 그리고 잘되는 비법은 쉽사리 눈에 잘 보이지 않는다는 것도 말이다. 왜냐하면 잘되는 데에는 엄청난 비법이 있는 것이 아니기 때문이다. 자신만의 콘텐츠로 자신을 잘 드러냈기 때문에 기하급수적으로 성공할 수 있었다. 무엇이든 남들과는 다른 점이 있어야 한다.

이제는 시대가 변했다. 나는 더 이상 사람들에게 열심히 하라는 말을 하지 않는다. 오로지 나라는 존재가 브랜드가 되어야 한다. 남들과 다른 콘셉트의 콘텐츠를 만들어내야 한다. 콘텐츠의 콘셉트를 정할 때는 우선 내 머릿속 생각이 정리되어야 한다. 보통 광고대행사에서는 스토리보드를 작성한다. 그래야 콘텐츠의 구성과 연출, 기획, 제작 등을 가시화할 수 있기 때문이다. 오히려 이제는 광고처럼 콘텐츠를 제작하기보다 나만의 콘텐츠로 콘셉트를 정할 필요가 있다. 예를 들어 신상희 코치처럼 자신의 일상 사진에 짧은 메시지를 담아 제작한 카드뉴스도 좋다. 아이와 함께 있는 사진에 "초스피드로! 올인원 클렌저"라는 문구를 넣으면 어떤 효과가 나타날까? 아이가 있는 엄마들이라면 무슨 의미인지 단박에 파악할 수 있는 콘텐츠가 된다. 이렇게 간단하게 만들어서 SNS에 노출하게 되면 아이가 있는 엄마들은 공감할 것이고 관심이 생겨서 그 콘텐츠를 읽어 나가게 된다. 나와 비슷한 처지에 있는 사람의 한마디에 움직이는 것이 고객이다. 자신에게 도움이 된다고 생각한다면 고객은 스스로 구매하게 되어 있다. 당연히 매출은 상승하게 된다.

마케팅에 있어 콘셉트는 중요하다. 왜냐하면 콘셉트를 잘 잡은 콘텐츠 하나가 기업의 매출을 좌지우지할 수 있기 때문이다. 콘셉트를 잘 잡지 못하면 난해한 결과가 발생하기도 한다. 브랜드의 제품, 서비스를 알리기 위해 광고를 하지만 그 광고조차 이해를 못하는 상황이 되는 경우도 허다하다. 고객의 입장에서 이해가 가고 납득이 될 만한 메시지 하나가 구매를 일으킨다. 그런데 광고의 콘셉트가 불명확하고 전달하려는 메시지조차 고객이 이해하지 못한다면 구매로 이어지기란 쉽지 않다.

최근 나는 아이의 구강검진을 위해 치과를 예약해야 했다. 태어나서 처음 구강검진을 받는 아들이지만 나 역시 처음 경험하는 일이었다. 단순한 구강검진이라고 해도 낯선 환경에 거부감을 느낄 아들을 생각해 치과의 시설을 보게 되었다. 이 외에도 집에서 가까울 것, 친절할 것, 깨끗할 것 등 나름의 기준도 정했다. 구강검진을 잘하는지는 알아보지 않았다. 잘하는 것은 기본이라는 생각에서였다. 그래서 우선 사람들의 리뷰와 평을 보게 되었다. 전적으로 믿는 것은 아니었지만 무시는 할 수 없었다. 단순 구강검진에 과한 행동이라고도 생각할 수 있지만 나와 아이에게는 처음 경험하는 것이기 때문에 예약하는 것도 쉽지 않았다. 나의 행동과 생각을 통해 다시 한번 콘셉트가 중요하다는 것을 깨달았다.

시간은 다소 걸렸지만 나름대로 정한 기준에 부합한 치과에 예약했다. 내가 선택한 치과는 인터넷에 시설 사진을 많이 올려 두었고 유아 전용 치과는 아니었지만 어린아이도 거부감 없이 방문할 수 있는 환경이 마련되어 있었다. 내가 이 치과에 예약하게 된 결정적인 요인은 내 느낌이었다. 이곳저곳 알아보면서 마음에 드는 치과가 있어 전화를 걸었다. 내가 궁금한 것을 간호사는 내게 질문했고 예약하기까지 3분이 채 걸리지 않았다. 간호사의 친절한 안내에 이곳을 신뢰하게 되었고 빠른 일처리에 매력을 느껴 내 느낌이 맞았다는 생각마저 들었다. 이곳저곳 정보를 검색해 보면서 '아! 이곳이라면 아이가 거부감 들지 않고 구강검진을 잘 받을 수 있겠다'라는 생각이 들었기 때문에 움직이게 되었다. 내가 생각한 치과의 콘셉트는 '환경'이었다. 그 환경의 느낌에 따라 친절,

위생, 근거리 등의 조건이 부합되어 선택하게 된 것이다.

    잘 팔리는 콘셉트에는 이유가 있다. 고객이 구매하도록 행동을 유도하는 가장 중요한 요소는 바로 콘셉트다. 콘셉트가 없으면 메시지 전달력이 떨어진다. 왜냐하면 콘셉트에 따라 가고자 하는 방향이 달라지기 때문이다. 사실, 콘셉트가 명확하지 않아도 결과가 좋으면 그것도 나름 콘셉트가 있는 콘텐츠가 될 수 있다. 그러나 이러한 우연은 자주 있는 것이 아니기 때문에 콘셉트를 정하는 방법을 익히는 것이 좋다.

    콘셉트를 정하는 가장 좋은 방법은 일단 해 보는 것이다. 일단 해 보라는 말 자체가 이해되지 않을 수도 있다. 그러나 한번 자신이 생각한 대로 시도해 보고 사람들의 반응을 살피는 것이 효과적이다. 잘 안 되는 이유에 대해서 점검하고 분석할 수 있는 계기가 되기 때문이다. 안 되는 이유를 되는 이유로 바꾸면 그것은 잘 되는 일이 된다. 그렇기 때문에 먼저 행동하고 자신만의 콘셉트를 찾아가는 것이 중요하다.

03
공유되는 콘텐츠만이 살길이다

설미리

최근 포항의 공기관에서 컨설팅 요청이 왔다. 공기관에서 지원하는 프로젝트의 업체 세 곳을 컨설팅해 달라는 요청이었다. 여러 차례 거절했지만 간곡한 요청으로 시간을 내 컨설팅에 다녀왔다. 근거리가 아닌 지방이라는 특성 때문에 업체 세 곳에 미리 사전질문지를 받아 보았다. 세 곳 모두 코스메틱 분야였다. 이들은 어떻게 하면 적은 비용으로 자신들의 브랜드를 홍보할 수 있을까 고민하고 있었다. 그중 C업체는 내게 이렇게 질문했다.

"코스메틱 시장이 포화상태인데, 천편일률적인 마케팅에서 튈 수 있는 전략이 무엇입니까?"

"대표님. 세상에 그런 마케팅은 없습니다."

나는 단호하게 말했다. C업체 대표의 입장에서는 나의 대답이 충격일 수도 있었을 것이다. 사실, 이런 질문을 하는 대부분의 사람들은 행동하는 것이 더디다. 자신의 경험을 비추어 안 되는 것만 생각하고 행동하지 않으려 하기 때문이다. 그래서 자존심을 상하게 해서라도 더 강하게 말해 줄 필요가 있다. 그래야 자극을 받아 행동하기 때문이다.

C업체의 대표는 네이버 카페를 운영하며 블로그 체험단도 해 보고 할인 이벤트도 해 보면서 SNS 마케팅을 어느 정도 이해하고 있었다. 나는 C업체 대표에게 벤치마킹 대상이 누구인지 물었다. C업체 대표는 내게 벤치마킹의 대상을 이야기하면서 덧붙여 이렇게 말했다.

"제가 벤치마킹한 A회사의 대표님한테도 연락해서 마케팅을 어떻게 하는지 물어봤는데, 그분은 네이버만 팠다고 하더라고요."

"네이버 어떤 것을 팠다고 하던가요?"

"글쎄요. 그분은 네이버만 팠다고 했고 시간 지나니까 알아서 팔렸다고 하더라고요."

"대표님, 그분이 아무것도 하지 않았는데 화장품이 저절로 팔렸을까요? 뭔가를 했으니까 잘되고 있는 것 아닐까요?"

"그러니까 저는 그게 궁금하다 이거죠. 잘되고 있는 그 방법이 무엇이냐 이거죠!"

C업체 대표는 내게 짜증 섞인 말투로 말했다. 그런 그가 안타

까웠다. 이미 답은 나와 있었다. C업체 대표가 벤치마킹한 A브랜드의 마케팅 활동은 블로그 체험단이 주었고 리뷰가 상당히 많았다. 여기에 댓글 관리까지 하며 키워드를 확장해 네이버에 노출시키고 있었다. 여기서 핵심은 무엇일까? 바로 공유되는 콘텐츠를 만들어 내는 것이다. A브랜드는 블로그에 자신들의 이야기를 전하는 것이 아니라 짧지만 강력한 콘텐츠로 메시지를 전달하고 있었다. 그들의 슬로건과 주력상품을 적절히 매칭한 카드뉴스를 곳곳에 노출시켜 두었다. 그리고 블로그 체험단이 그 콘텐츠를 점차적으로 포스팅에 삽입하고 공유하기 시작했다.

나는 C업체 대표에게 이러한 것을 벤치마킹해서 본인의 것으로 만들어 보라고 조언했다. 더불어 A브랜드가 체험단 활동은 왜 하는지, 체험단이 등록한 블로그 후기에 사람들은 어떠한 댓글을 다는지에 대해 면밀히 살펴볼 필요가 있다고 설명했다. 포스팅에 대한 댓글은 고객들의 실적적인 피드백이 되는 것이다. 포스팅한 글을 보고 부정적인 댓글이 등록되었다면 부정적인 분위기를 환기하는 포스팅을 등록하면 되고, 긍정적인 댓글이라면 그 포스팅은 고객이 만족하는 글이기 때문에 그대로 이어가면 되는 것이다.

나는 댓글 하나로도 콘텐츠 아이디어를 발굴해 카드뉴스로 만들었고, 사람들에게 널리 알렸다. 댓글이 가져다주는 의미는 단순한 것이 아니다. 댓글은 고객의 소리이자 돈 안 드는 컨설팅이다. 댓글만 잘 파악해도 고객이 무엇을 원하고 당신이 무엇을 제공해 줘야 할지 알게 된다. 나는 바이럴 마케팅 회사에서 근무할 당시 직원들에게 댓글 하나로도 블로그 포스팅 주제를 적어낼 수 있어야 한다고 강조했다. 이러한 블로그 글 하나로 고객의 클레임을 막을 수도 있고 매출을 10배 높일 수도 있기 때문이다. 물론, 직원들은 이를 크게 생각하지 않기도 했다. 그래서 나는 그들에게 되물었다. "그럼 여러분은 어디에서 고객의 소리를 듣고 있지?"라고 말이다.

나는 C업체 대표에게 A브랜드가 노출시키고 있는 블로그의 제목부터 유심히 볼 것을 강력하게 권했다. 그리고 검색에 노출된 블로거들의 리뷰를 통해 그들이 전하는 메시지나 이미지 등을 보면서 벤치마킹하라고 일러 주었다. 그리고 가장 쉽게 따라할 수 있는 카드뉴스를 제작해 인스타그램에 홍보하길 추천했다. 그럼에도 불구하고 C업체 대표는 "에휴, 제가 그걸 다 할 수 있으면 좋겠는데 광고대행사에 맡겨도 말도 안 되는 비용으로 제안을 해 오니까 답이 없는 것 같아요."라고 했다.

광고대행을 맡긴다고 해서 모두가 좋은 결과를 얻을 수 있을까? 자신이 잘 알지 못하는 분야이기 때문에, 또는 시간이 없어서 광고대행을 맡기는 것이 일반적이지만 결과적으로 성과를 내는 원리는 매한가지다. 광고대행을 맡길 때도 자신이 어느 정도 경험해 보거나 배워야만 날카롭고 뾰족하게 이끌어갈 수 있다. 무작정

'광고대행을 맡겼으니 알아서 되겠지'라는 생각은 위험하다. 자신의 사업인 만큼 스스로 관심을 가지고 광고에 집중해야 한다. 그랬을 때 광고대행을 맡기면 성과가 확연히 달라진다.

나는 현재 〈카마협〉을 운영하면서 카드뉴스로 마케팅 활동에서 성과를 내는 방법에 대해 코칭하고 있다. 많은 사람들이 나에게 컨설팅을 의뢰해 온다. 그중에 가장 많이 듣는 이야기는 단연 "내가 무엇을 잘하는지 모르겠고, 어디서부터 해야 할지 모르겠다."는 말이다. 그들에게 내가 항상 하는 말이 있다. "원하는 것이 무엇인지 생각해 보라."고 말이다. 그리고 원하는 것을 이루기 위해서 목표를 설정하고 거기에 자신만의 콘텐츠를 끌어내는 방법에 대해 컨설팅을 해 주면서 매출로 이어지는 성과를 내 주고 있다.

대부분의 사람들은 자신의 가치를 과소평가한다. 자신이 얼마나 대단한지 파악하지 못한 채 말이다. 나 역시 그랬다. 내 안의 잠재의식이 성장하고 그에 대한 확신이 들기 전까지는 두려웠다. 이러한 경험으로 나를 찾아오는 사람들에게 성과로 이어지는 카드뉴스 마케팅에 대해 컨설팅해 주고 있다.

사실 카드뉴스라 하면 누군가는 잘 모르기도 하고 또 누군가는 어렵다고 느끼거나 혼자서 해 보겠다는 생각을 하기도 할 것이다. 그럼에도 불구하고 사람들은 실행에 옮기기 어려워한다. 왜냐하면 자신이 생각한 것이 맞는지 틀린지, 제대로 방향을 잡고 나아가고 있는지를 모르기 때문이다. 확신을 가지고 확고히 나아가면 되는 것인데 이 단계를 넘기지 못해 포기하는 사람들이 많다.

이제는 공유되는 콘텐츠만이 살길이다. 앞으로는 갈수록 바빠질 것이다. 자신의 미래를 위한 투자가 이루어지지 않는다면 말이다. 나는 확신한다. 더불어 누구라도 나를 만난 사람들은 반드시 성과를 얻을 수 있게 도와줄 자신이 있다. 왜냐하면 이 시대는 열심히 하는 것은 기본이고 특별하게 살아야 하기 때문이다. 남들과 같은 방식이 아닌 자신만의 콘텐츠로 마케팅 활동을 하게 되었을 때 사람들은 당신의 콘텐츠에 끌리고 그것을 퍼 나르기 시작할 것이다.

사람들은 대개 자신보다 주변 지인의 말, 혹은 신뢰하는 사람의 SNS에 공유된 콘텐츠를 더 믿는다. 이제는 혼자서 다양한 일을 하는 것보다 남들과 다른 나만의 콘텐츠로 퍼스널 브랜딩을 해야 하는 시대가 되었다. 070 4414 3780으로 연락하면 자신만의 콘텐츠를 발굴하고 그것이 성과로 이어질 수 있도록 코칭해 주는 전문가를 만날 수 있다. 문제점을 파악해 해결 방법을 알려 주고 단기간에 매출을 상승시켜 브랜드를 정착시킬 수 있도록 도울 것이다.

04
한 줄 카피에 목숨을 걸어라

김도사

〈한책협〉을 운영하며 나는 한 줄 카피에 목숨을 걸었다. 한 줄의 카피는 내용을 핵심적으로 알리고 고객의 시선을 끌기 위한 수단이다. 나는 한 줄 카피를 위해 하루에도 수천 개의 카피를 썼다 지웠고 신문이나 인터넷 기사, SNS 등의 끌리는 문구를 메모했다.

마케팅에서도 가장 중요한 부분은 한 줄 카피에 있다. 이 카피 하나가 매출에 영향을 끼치기 때문이다. 사실 많은 사람들이 한 줄 카피가 가져다주는 영향력이 얼마나 큰 것인지 제대로 인식하지 못한다. 그리고 한 줄 카피에 목숨을 걸어야 한다고 말하면 창의적으로 기발해야 한다고 생각한다.

한 줄 카피의 가장 중요한 맹점은 슬로건이다. 판매하고자 하는 제품에 대한 한 줄 카피를 선정해야 한다. 사람들은 바쁘기 마련이고 당신의 이야기를 들어줄 시간이 없다. 그렇기 때문에 사람들이 "그게 뭔데요?"라며 관심을 가질 수 있도록 유도하는 한 줄 슬로건이 필요하다.

나는 〈한책협〉을 운영하며 수많은 사람들을 컨설팅해 왔다. 그때마다 비즈니스 분야를 막론하고 사람들에게 묻는 질문이 있다.

"당신의 상품을 한마디로 표현하실 수 있나요?"

대부분 자신의 회사의 장점과 강점을 서술형으로 풀어서 말하곤 한다. 이렇게 말을 하면 사람들은 나의 말을 얼마나 알아듣고 이해할 수 있을까? 설명이 길어진다는 것은 무엇이 중요한지 잘 파악하지 못한 것과 같다. 이런 문제의 해결방법은 단 하나다. 명확하게 말할 수 있도록 한 줄 카피를 정해 두는 것이다.

나에게 배워 책을 쓰고 단기간에 억대 연봉 CEO로 성장한 사람이 있다. 바로 SNS 마케팅으로 억대 연봉을 올리고 있는 마케팅 여왕이자 〈한마협〉의 신상희 대표다. 그녀는 굉장한 슬로건으로 마케팅을 이어가고 있다. 바로 "마케팅 여왕은 마케팅을 하지 않습니다."이다.

이 슬로건은 사람들의 시선을 끌기에 충분하다. 왜냐하면, 한 줄 카피는 반드시 비즈니스와 연결되어 있어야 하고 핵심을 하나의 문장으로 설명하기 때문이다. 잘 만든 한 줄 카피는 어디에 가져다 붙여도 나의 비즈니스와 접목된다. 컨설팅, 강의, 미팅 등에서도 적용된다. 만약 신상희 대표가 SNS 마케팅에 대해 장황하게 설명하며 메시지를 전달했다면 과연 억대 연봉을 달성할 수 있었을까? 마케팅은 전쟁이다. 소리 없는 전쟁 속에서 살아남으려면 한 줄 카피가 굉장히 중요하다.

내게 카드뉴스 제작의 핵심을 배운 사람들은 이러한 한 줄 카피 선정이 어렵다고 호소한다. 왜일까? 사실 나도 꽂히는 한 줄 카피는 지금도 연구하고 있다. 왜냐하면 한 줄 카피를 연구하다 보면 모바일 트렌드가 보이기 때문이다. 이것은 어느 정도 경험이 필요한 부분이다. 그럼에도 불구하고 〈한책협〉 출신 작가들이 1인 창업에 빠르게 성공하는 이유는 내게 시간을 아끼며 제대로 한 줄 카피를 선정할 수 있도록 도움을 받았기 때문이다.

당연한 말이지만 카드뉴스에도 한 줄 카피가 중요하며, 생명과도 같다. 카드뉴스는 간단한 텍스트와 이미지로 구성된다. 그래서 아주 간단하고 쉽게 제작할 수 있을 것 같지만 여기에는 굉장한 전략이 따른다. 이미지도 텍스트와 어울려야 하고 사람들의 시선을 사로잡을 수 있도록 구도, 배치 등을 고려해야 한다. 나는 한 줄 카피를 선정하기 위해 경쟁사의 SNS를 채널별로 벤치마킹했고 그들이 하는 마케팅 활동과 슬로건 등을 유심히 지켜봤다. 이 과정이 반복되자 내가 어떻게 방향을 잡고 카드뉴스를 제작해야 할지 감이 잡혔다. 흩어져 있던 퍼즐 조각이 점차 그림처럼 보이고 모양이 잡혀갔다.

카드뉴스에 들어가는 한 줄 카피는 슬로건이 되어야 한다. 이 슬로건을 통해 사람들은 당신의 브랜드를 인식하고 기억하게 된다. 그렇다면 이 슬로건은 어떻게 작성할 수 있을까? 여러 가지 방법이 있지만 가장 중요한 3단계를 설명하고자 한다.

• 1단계: 고객에게 피드백을 받아야 한다. 기본적으로 자신의 비즈니스에 대해 고객은 어떤 생각을 가지고 있는지 확인해야 한다. 고객이 하는 말은 절대 흘려들어서는 안 된다. 그들은 결코 큰 문제를 가지고 상황을 키우지 않는다. 작은 문제에 대해 생각이 커지고 불만이 일어나는 것이다. 고객의 피드백을 받으려면 고객과 친해져야 한다. 고객과 수시로 연락을 주고받을 필요가 있다. 가끔은 비 오는 날 갑자기 생각났다고 말한다거나 SNS를 활발히 하는 고객이라면 그들의 계정에 등록된 댓글도 파악하는 꼼꼼함이 최고의 방법이다. 그들의 생각을 알고 대처하는 슬로건을 정해 카드뉴스로 홍보하길 권한다. 왜냐하면 이 과정이 매출을 10배 올려 주는 엄청난 기회가 될 수 있기 때문이다.

• 2단계: 당신이 어려우면 고객도 어렵다. 대부분 광고를 통해 접한 슬로건은 어렵지 않다. 반전, 호기심, 재미, 감동 등 슬로

건에 포함되는 요소들이 많지만 자신의 비즈니스를 느끼는 대로 생각하는 것이 가장 쉽다. 슬로건을 정해 놓고도 어려우면 고객도 어렵게 느끼고 감흥이 없다. 아직도 나에게 문서 코칭을 받으려는 직원들이 있다. 그들은 하나같이 어려운 단어, 어려운 문장을 써 왔다. 그들에게 "이게 무슨 말인지 이해가 되니?"라고 묻자 "아니 요. 사실 대표님 글 보고 조금 수정했어요."라고 답했다. 문서 작 성에도 한 줄 슬로건은 중요하다. 바쁜 상사에게 보고하려면 보고 시간을 줄여야 한다. 고객이 당신을 만나고 싶게 하려면 한 줄 슬 로건을 친숙하고 쉽게 만들어야 한다.

• 3단계: 짧아야 살아남는다. 짧은 슬로건은 사람들의 뇌리에 기억되기 쉽다. 슬로건을 활용해 비즈니스의 문화가 되게 하는 것은 매우 중요하다. 슬로건이 길어진다는 것은 그만큼 1~2단계의 방법 을 제대로 숙지하지 않았고 노력하지 않았다는 것이다. 1~2단계 는 결국 벤치마킹과 슬로건 작성 방법에 대한 설명인데 3단계에 서 어려움을 느낀다면 다시 처음부터 시작해야 한다. 3단계는 실 전이다. 1~2단계에서 벤치마킹하고 작성해 본 슬로건을 자신의 비즈니스와 맞게 다듬는 단계다. 당신이 작성한 슬로건을 하루에 1,000번 이상 되뇌고 읊어 보며 입과 몸에 배도록 해야 한다. 나의 지인은 자신만의 슬로건을 활용해 지하상가에서 양말 장사로 수 천만 원을 벌어들였다. 이것이 한 줄 카피에 목숨 걸어야 하는 이

유다.

이제는 한 줄 카피에 목숨을 걸어야 한다. 고객은 굉장히 바쁘고 항상 시간이 없기 때문이다. 우리의 일상을 생각해 보면 쉽다. 어떤 일을 시작하려고 하거나 집중하고 있을 때 울리는 광고 전화에 당신은 어떻게 대처하는가? 거절 버튼을 누른다거나 얼떨결에 받게 된 전화에 "죄송합니다. 지금은 바쁩니다. 끊겠습니다." 라고 하지 않는가? 그러나 이 광고 전화에 한 줄 슬로건을 활용한 전략을 세웠다면 이야기는 달라질 것이다. 광고 전화에도 분야가 있다. 내가 받는 광고 전화는 주로 대출 광고다. 대부분 "자금 필요하지 않으세요? 이번에 특별히 금리 할인 이벤트에 선정되셔서…."라는 멘트가 일반적이다. 바쁘다고 끊으려는 고객에게 당당한 목소리로 "일단 한번 들어 보세요."라는 슬로건을 던져 보면 어떨까? 고객은 이 슬로건에 끌리면서 "그건 뭔가요? 그건 어떻게 하는 건가요?"라며 관심을 기울이게 될 것이다. 나 역시 이러한 경험을 바탕으로 카드뉴스에 들어가는 한 줄 슬로건을 목숨 걸고 작성하고 있다. 그만큼 한 줄 카피는 매우 중요하다.

05
단순하게 만들어라

김도사

사람들이 '좋아요'를 많이 누른 카드뉴스에는 특별함이 있다. 바로 단순하다는 것이다. 단순하게 만들어야 한다는 말은 두 가지로 해석될 수 있다.

첫째, 카드뉴스의 디자인이다. 카드뉴스는 무조건 사람들의 눈에 띄도록 해야 한다. 여기에는 색상, 폰트, 크기, 사이즈, 정렬 등이 반영된다. 단순하게 만들어야 된다고는 했지만 신경 써야 할 것이 많다. 하지만 고객은 이런 나의 노력을 알아주지 않는다. 오로지 자신에게 이익이 될지 말지만 고민한다. 나의 콘텐츠가 사람들에게 큰 호응을 얻을 수 있게 하려면 단순해야 한다.

둘째, 메시지다. 카드뉴스에 들어가는 메시지가 어려우면 사람들의 시선을 사로잡을 수 없다. 단순하면서도 강력해야 하고 목적이 따라야 한다. 상술로 포장된 것이 아닌 자신만의 메시지를 만들어야 하는 것이다. 고객은 이 메시지 하나로 다음 카드뉴스를 더 볼지 말지를 판단한다. 사람들의 시선을 사로잡는 카드뉴스는 단순하게 만들어야 한다. 포토샵을 잘 하지 못하거나 기계에 서툰 당신도 '단순함'만 유지하면 가장 간단한 방법으로 카드뉴스를 제작할 수 있다.

카드뉴스 만들기가 어렵다면 타이머를 맞춰 두고 제작 시간을 단축시키는 훈련을 하면 된다. 10분 만에 카드뉴스 3장을 만들어 낼 수 있는 유일한 방법이다. 핵심사항만 추려서 카드뉴스에 넣을 수 있게 될 것이다.

사람들은 내게 카드뉴스 제작과 마케팅에 대해 배우려는 요청을 많이 해 온다. 나는 22년간 끊임없이 책을 썼고, 지난 7년간 800여 명의 작가를 배출해 냈다. 그런데 왜 사람들은 마케팅에 대해 질문해 오는 것일까? 물론 나는 그동안 내가 〈한책협〉을 운영하며 쌓아온 노하우를 모두 알려 줄 수 있다.

그러나 이들에게는 안타까운 공통점 한 가지가 있다. 바로 생각이 많다는 것이다. 자신의 생각을 그대로 카드뉴스에 적어 내려간다. 과연 이렇게 만든 카드뉴스가 사람들의 시선을 사로잡을 수 있을까? 큰 효과는 보지 못하게 될 것이 분명하다.

보통 생각이 많은 사람들을 보면 자신도 무엇을 어떻게 해야 할지 감을 잡지 못한다. 이럴 때 내가 연구한 방법은 스토리보드를 구성하게 하는 것이다. 카드뉴스를 만들기 위해서는 먼저 자신이 원하는 것이 무엇인지 그 목적이 명확해야 하기 때문이다. 목적지가 분명해야 제대로 도착할 수 있는 것처럼 카드뉴스도 목적에 따라 기획, 제작, 마케팅 전략이 나뉜다. 우선 카드뉴스의 목적을 정한 후 그에 맞게 스토리보드를 구성하라. 스토리보드를 구성할 때는 카드뉴스에 들어갈 문구, 구성, 참고 디자인 정도만 있어도 제작이 가능하다. 이 단계만 거쳐도 어떤 것을 먼저 카드뉴스로 제작해야 할지 감이 잡히기 시작한다.

사람들은 카드뉴스를 단순하게 만들라는 나의 말에 의문을 가지기도 한다. "단순하게 만들면 가독성이 떨어지고 사람들이 안 보지 않을까요?"라고 말이다. 이 질문과 반대로 카드뉴스는 무조건 단순해야 사람들의 시선을 사로잡을 수 있다. 요즘 사람들은 텍스트가 많고 조금만 복잡하면 글이나 콘텐츠를 보지 않으려는 경향이 있다. 그런 이들의 시선을 사로잡을 수 있는 방법은 단연 카드뉴스다. 사람들은 오히려 자신이 평소에 쓰는 말투에 더 끌리고 동질감을 느껴 한 번 더 보게 된다. 어려운 말보다 단순하면서도 쉬운 말을 카드뉴스에 넣어야 사람들이 관심을 기울이게 되는 것이다.

나는 지금도 수많은 카드뉴스를 제작하고 있다. 즉, 아직까지도 카드뉴스에 대한 연구를 하고 있다는 것이다. 벤치마킹을 통해 수많은 카드뉴스를 접하지만 그중에서도 가장 보기 힘들고 가독성이 떨어지는 카드뉴스는 단순하지 않은 것이다. 한 장의 카드뉴스에 폰트의 종류도 많고, 텍스트도 많고, 구성이나 색상 선정한 것도 난해하다 싶을 만한 카드뉴스가 많다. 이러한 카드뉴스를 보면서 나는 늘 연구하고 나만의 노하우로 습득한다.

카드뉴스를 단순하게 만들기 위해 폰트 종류는 3개를 넘기지 말아야 한다. 폰트의 종류가 많아지면 가독성이 매우 떨어진다. 폰트에도 느낌이라는 것이 있다. 감성적으로 다가갈 때는 부드러운 폰트를, 자극을 주고 싶을 때는 고딕체와 같은 강력한 느낌의 폰트를 쓰면 좋다. 제목에 부드러운 폰트를 썼다면 내용에는 단순한 폰트를 써서 카드뉴스를 보는 사람들에게 안정감을 제공해야 한다.

가장 중요한 것은 아무리 자신이 생각하는 정보가 중요하다고 해도 전부 다 카드뉴스에 넣을 필요는 없다는 것이다. 텍스트가 많아지면 가독성이 떨어질 뿐만 아니라 지루하게 느껴진다. 카드뉴스의 가독성을 높이고 사람들의 시선을 사로잡으려면 텍스트는 줄이고 단순하게 만들어야 한다.

한 가지 더 중요한 것이 있다. 카드뉴스를 만드는 목적은 매출 상승이다. 그렇다면 카드뉴스로 홍보를 하고 사람들이 내게 문의를 해 오게 만들어야 한다. 제 아무리 카드뉴스를 단순하게 잘 만들었다 해도 고객이 움직이지 않으면 효과가 없는 것과 같다. 그러므로 카드뉴스에 고객이 자신을 찾아오도록 출처를 남겨 줘야 한다. 브랜드 네임 또는 자신의 이름을 카드뉴스에 남겨 두고 사람들이 찾아오게 하는 것이다.

또한 사람들은 편리함 속에서 더 귀찮음을 느낀다. 특히 온라인에서는 의도적으로 사람들을 움직이게 하지 않으면 쉽사리 행동의 변화를 일으킬 수 없다. 카드뉴스에 행동을 유도하는 버튼을 넣으면 좋다. 단순하게 "우리 제품 좋아요. 써 보세요."라고 말하는 것보다 "아무도 알려 주지 않는 대박 제품 자세히 알아보기" 같은 유형으로 사람들을 움직이게 만드는 것이다. 이것만 보더라도 카드뉴스 한 장이 얼마나 큰 값어치가 있는 홍보수단인지 알 수 있다.

카드뉴스는 단순하게 만들어야 한다. 요즘과 같은 콘텐츠가 넘쳐나는 시대에 디자인에 중심을 둔다는 것은 어리석은 행동이다. 남들과 비교했을 때 경쟁력이 없기 때문이다. 이제는 자신의 존재 가치를 높이고 자신을 드러내는 일을 해야 할 때다. 퍼스널 브랜딩을 통해 고객에게 당신을 어필하는 것은 매우 중요한 역량이 되었다. 그러기 위해서 카드뉴스는 하나의 마케팅 도구로 손색이 없다. 지금까지는 카드뉴스를 이미지라고만 여겼다면 이제는 자신이 가진 경험, 지혜, 일상 등을 카드뉴스로 제작해 홍보해야 할 때다. 가장 쉽게 자신의 가치를 높이고 사람들에게 더욱더 매력적으로 자신을 홍보할 수 있는 수단은 바로 카드뉴스다.

카드뉴스 마케팅은 어떤 이들은 굉장히 쉽게 생각하고 또 어떤 이들은 굉장히 어렵게 여기기도 한다. 하지만 누구든지 처음 시작은 다 똑같다. 모바일이 일상이 되어 버린 지금, 모바일에 적합한 카드뉴스로 자신을 드러내고 홍보하는 것은 하나의 프로세스가 되었다. 카드뉴스를 활용하지 못한다면 어떤 콘텐츠를 제작하고 온라인 채널을 이용하더라도 매출로 이어지기는 어려울 것이다. 지금도 내가 아닌 누군가는 카드뉴스로 자신을 알리고 있을 것이다. 이제는 움직일 때다.

감성을 자극하라

신상희

"이따위 콘텐츠를 가져와서 나한테 보라는 거야?"

매주 기업의 대표들과 만나 한 주간 진행한 프로젝트 성과를 발표하고 차주 계획에 대해 보고하는 자리가 있었다. 한번은 감성을 자극하는 동영상 콘텐츠에 대해 설명하고 있었다. 마무리가 슬프지만 훈훈하게 끝나는 영상 콘텐츠였다. 이 영상을 보고 있던 중 대표 한 명이 언성을 높였고 분위기는 순식간에 싸늘해졌다.

감성적 콘텐츠가 문제가 된 것이 아니라 언제까지 감성적인 콘텐츠로 밀어붙일 것인가 하는 내용이 서두에 깔렸다. 결국 마케팅 전쟁은 콘텐츠 싸움이니 감성적인 콘텐츠 외에 다른 전략을 가져오라는 결론을 내렸다.

나는 감정적으로 호소력이 짙은 글도 노출시켜 봤고, 이것을 영상으로 만들어서 홍보하기도 했다. 그러나 이러한 콘텐츠에는 한계가 있었다. 사람들의 공감은 살 수 있었지만 실질적으로 기업에서 바라는 매출로 이어지는 효과는 크지 않았다. 그래서 나는 그 이유에 대해 분석하기 시작했다.

우선 감성 콘텐츠를 수만 개는 봤다. 그리고 답을 찾아냈다. 콘텐츠 유형의 한계가 아니라는 것을 말이다. 감성 콘텐츠일지라도 사람들에게 오래 기억되는 콘텐츠가 있고 그렇지 않는 것이 있다는 것을 알았다. 어떻게 전략적으로 메시지를 전달하느냐에 따라 승부가 갈렸다.

감성 콘텐츠를 분석하면서 봤던 바이럴 영상 한 편이 기억에 남는다. 이 영상은 유명 화장품 브랜드인 A사에서 제작한 것이었다. 화장품 브랜드에서 이런 영상을 만들었다는 것이 의아했지만 끝까지 시청했다. 영상은 한 영화관에서 영화가 상영되기 전 광고가 나오는 장면으로 시작한다. 스크린에 등장한 한 여성이 갑자기 객석에 앉아 있는 남성의 이름을 부르며 그동안 서운했던 이야기들을 늘어놓는다. 남성은 당황하지만 이윽고 여성의 말에 반박하다 영화관을 뛰쳐나간다. 다른 관객들이 어리둥절해하던 중 스크린에 남성이 등장해 여성의 서운함을 풀어주며 화해한다.

이 영상 하나로 A사는 인지도를 굉장히 빠르게 올릴 수 있었다. 매출 상승으로 이어지는 것은 당연했다. 바이럴 영상 제작부터 화장품 소개, 실제 영화관에서의 이슈몰이는 사람들의 시선을 끌기에 충분한 마케팅 전략이었다. 이를 통해 A사는 신제품 홍보, SNS 홍보, 브랜드 채널 인입 유도 등 여러 가지 성과를 쟁취할 수 있었다. A사의 전략이 성공할 수 있었던 비결은 젊은 남자, 여자라는 타깃을 잘 정했고 그들의 감성을 적절히 자극했다는 것이다. 사람들은 이 영상을 온라인에 퍼 나르기 시작했다. 자신의 SNS에 공유하기도 했다. 나는 이 사례를 보고 감성을 자극하는 전략은 어떻게 설정해야 하는가를 알게 되었다.

카드뉴스로도 충분히 감성을 자극할 수 있다. 사람들에게 가장 인기가 높은 '스토리텔링형 카드뉴스'는 감성 자극 카드뉴스로 적합하다. 스토리텔링 카드뉴스는 감성이 주요 핵심이다. 힘들었지만 어렵게 성공한 스토리, 지금은 성공자이지만 성공자가 되기 전 평범했던 이야기들은 카드뉴스의 좋은 소재가 된다. 사람들은 이런 스토리가 있는 카드뉴스를 좋아한다. 왜 사람들은 스토리텔링 카드뉴스에 긍정적으로 반응하는 것일까? 답은 간단하다. 쉽게 읽히기 때문이다. 어렵지 않은 내용이고 또 자신에게 광고가 아닌 정보를 주는 콘텐츠라고 여겨 공감하고 감성적으로 더 끌리는 것이다.

감성이 주가 되는 스토리텔링 카드뉴스는 디자인이 중요하지 않다. 가장 중요한 것은 제목이다. 이 제목 한 줄이 카드뉴스를 더 볼 것인가 말 것인가를 결정짓는다. 나의 경우 인터넷 기사 제목이나 잡지 등을 보다가 괜찮은 제목이라 생각되면 메모를 해 두는 습관이 있다. 이것은 카드뉴스를 제작할 때 굉장히 큰 도움이 된다. 최근 내가 본 스토리텔링 카드뉴스 중 감성적으로 끌리는 제목이 있었다. "긍정의 아이콘 윌 스미스가 실패를 대하는 법"이라는 제목이었다. 나도 모르게 카드뉴스를 클릭하고 내용을 읽어나갔다.

내가 이 제목에 끌린 이유는 반전이 있었기 때문이다. 카드뉴스 내용은 윌 스미스가 출연한 영화 속 이야기로 구성되었다. 나는 이 카드뉴스를 보면서 윌 스미스가 출연한 영화를 다시 한번 보고 싶다는 생각이 들었다. 카드뉴스의 제목처럼 긍정의 아이콘이 실패를 대하는 법에 대해 다시 느끼고 싶다는 생각에서였다. 이처럼 감성적 카드뉴스로 성과를 낼 수 있어야 한다.

감성만 전달하고 마는 카드뉴스는 경쟁력이 없다. 단순히 내용을 보게 하는 데서 그칠 것이 아니라 사람들이 움직이도록 해야 한다. 그렇다면 감성을 자극하는 카드뉴스로 어떻게 매출을 올릴 수 있을까? 쉽게 설명하면, 감성을 자극하는 카드뉴스와 당신이 한 몸이 되어야 한다. 이것은 매우 중요하다. 카드뉴스로 감성을 전할 때 홍보하고자 하는 제품, 서비스 등을 적절히 녹여내는 것이다. 광고가 아닌 척 속이라는 말이 아니다. 진정성 있는 감성 스토리와 당신이 한 몸이 된다면 그 성과는 엄청나다.

카드뉴스로 매출을 10배 올리고 싶다면 감성을 자극해야 한다. 콘텐츠 하나를 만들더라도 홍보에만 그칠 것이 아니라 매출까지 이어지도록 전략을 세우는 일에 고군분투해야 한다. 감성을 자극하는 카드뉴스는 반드시 공유를 부르고 소통을 할 수 있어야 한다.

유튜브에서 〈권마담TV〉를 운영하는 유튜버 권마담 역시 카드뉴스로 감성을 자극한다. 때로는 동기부여가로, 때로는 엄마의 모습으로, 때로는 부자언니로 다가온다. 카드뉴스(섬네일) 뒤에 이어지는 영상의 퀄리티가 구독자를 만들어 내기도 한다.

이렇게 감성을 자극하는 카드뉴스(섬네일)가 모든 업종 불문하고 사용되고 있다. 학원 업종에서도 엄마들의 감성을 잘 이해한

메시지를 넣은 카드뉴스로 활발히 활용된다. 첫 화면에서 감동을 주지 못하면 클릭 자체가 줄어든다. 카드뉴스 자체가 마케팅이라는 사실을 잊지 말아야 한다.

사실 마케팅에 정답이란 없다. 내가 만난 사람들 중 처음부터 마케팅 전문지식을 가지고 시작한 사람들은 단 한 명도 없었다. 오히려 전문지식 없이 하다 보니 성장했고 사업이 확장됐다고 말하는 이들이 많았다.

이제는 콘텐츠도 전쟁의 시대가 되었다. 남들과 똑같이 해서는 경쟁력이 없다. 감성과 스토리를 더해 사람들에게 재미와 감동을 전하는 것이야말로 고객과 쉽게 소통할 수 있는 길이다. 잘 만든 카드뉴스는 온라인 전 채널에서 당신을 대신해 세일즈를 해 주고 고객이 스스로 문의하도록 유도한다. 감성을 자극한 카드뉴스로 고객의 공감과 소통을 이끌어 낸다면 매출 성과로 이어지는 것은 당연하다.

나는 카드뉴스에도 진정성이 바탕이 되어야 한다고 생각한다. 그래야만 남들과 다른 콘텐츠, 다른 전략으로 사람들의 시선을 사로잡을 수 있고 신뢰를 얻어 당신을 만나고 싶어 하게 될 것이기 때문이다.

07
냅킨에라도 끄적거려라

신상희

우연히 사진첩을 정리하다가 눈에 들어온 사진 한 장이 있었다. 일하던 중 냅킨에 쓴 메모를 찍어둔 사진이었다. 이때는 냅킨에 낙서를 하며 시간을 보낼 정도로 아이디어 천국이었다.

"오늘 아이디어 안 나오면 집에 안 가."

커피숍에 앉아 스스로 아이디어가 나오지 않는다면 집에 가지 않을 생각으로 집중했던 적도 많다. 〈한마협〉을 운영하며 새로운 마케팅을 제안해야 할 시기가 되면 아이디어와의 싸움이 시작된다. 이 때 엄청난 양의 자료를 분석하게 되고 콘텐츠를 보면서 내 공부가 되기도 하지만 이 일이 한 달 정도 반복되면 스트레스는 엄청나다.

한번은 아무 생각 없이 냅킨에 새겨진 로고를 바탕으로 낙서를 했다. 거기에는 내 생각이 드러났다. 현재의 고민, 생각, 아이디어 등 여러 가지로 나뉘었다. 나는 곧 엄청난 아이디어를 떠올렸다. 광고주 측에서는 홍보 모델을 앞세워 마케팅을 더 효과적으로 하려는 데 방점을 두고 있었다. 그리고 프로모션을 하면서 사은품 아이디어도 광고제안서에 포함되어야 했다. 나는 냅킨에 낙서한 것을 보면서 홍보 모델 얼굴이 인쇄된 롤링휴지를 만들어 보면 어떨까 하는 생각이 들었다. 그리고 유사 사례가 있는지 확인했다. 외국의 사례는 있었지만 실제로 기업에서 제작한 사례는 없었다. 나는 이 점을 부각해 홍보 모델 롤링휴지를 사은품 제공으로 아이디어를 제출했다.

결과적으로 나의 아이디어가 채택되었고 실제로 프로모션 내에 홍보 모델을 활용한 휴지를 고객에게 사은품으로 제공했다. 가벼운 마음으로 냅킨에 끄적였던 낙서 덕분에 아이디어가 떠오르고 그것이 채택되고 실현되었다는 점에서 굉장한 성취감을 느낄 수 있었다.

나는 지금도 카페에 가면 냅킨에 낙서를 하고 그것을 집으로 가져온다. 카페에서는 냅킨에 끄적이더라도 당장에 아이디어로 발전하지 않을 때가 있다. 냅킨을 집에 가져와서 다시 보면 또 다른 느낌으로 다가오는 경우가 있다. 이것은 나의 노하우다. 카드뉴스를 어떻게 만들어야 할지 모르겠다고 말하는 사람들에게 냅킨을 활용하라고 말해 주고 있다. 〈한마협〉에서 마케팅 노하우를 배우고자 하는 사람들은 내게 스토리보드 작성부터 배운다. 그러나 대부분의 사람들이 격식을 갖춰서 하려 하고 어렵게 생각하는 경향이 있어 냅킨을 건네주고 끄적여 보라고 말한다. 냅킨에 낙서를 하다 보면 재미도 있고 평소 자신이 깊게 생각해 보지 않은 것들을 표현하게 된다. 그렇다고 카페에서 냅킨을 왕창 가져다가 끄적거리라는 말은 아니다. 기본 제공해 주는 2~3장으로도 충분하다.

나는 평소 생각이 많았고 답답했다. 아이디어 고갈상태에서 새로운 아이디어 발굴이라는 압박감도 커 스트레스를 해소할 무엇인가가 필요했었다. 그 찰나에 엄청난 아이디어가 떠올랐던 것은 결코 우연은 아닐 것이다. 생각을 정리하고 덜 중요한 것을 버리는 연습이 필요할 때 냅킨에 끄적여 보는 것도 상당히 좋은 방법이다.

미국의 대표적인 저가항공 사우스웨스트 항공사도 냅킨 메모에서 시작되었다고 한다. 사업가 롤린 킹은 자신의 변호사인 허브 켈러허와의 저녁식사 자리에서 탁자에 있던 냅킨에 메모를 하기 시작했다. 그는 냅킨에 대형 항공사들의 운영방식과 전혀 다른 방식의 항공사를 설립하고 싶다는 꿈을 적었다. 이 항공사의 성공 역시 냅킨 한 장에서 시작된 것이다. 이 외에도 냅킨 한 장으로 큰 성공스토리는 굉장히 많다.

제대로 만든 사업계획서도 아닌 냅킨 메모 한 장으로 성공을 거둔 이들의 비결에는 다른 무엇이 있는 것일까? 냅킨에 끄적거 린다는 것은 단순한 낙서가 아니다. 지금 냅킨에 메모를 한 것이 중요하지 않게 여겨질 수 있으나 나중에는 실현 가능한 밑그림이 될 수 있다. 나 역시 생각의 정리가 안 되어 엄청난 스트레스를 받 고 있을 때 냅킨에 낙서를 했던 것이 구체적인 아이디어로 발전했 고 실제로 이 아이디어가 실현되었다. 나는 지금도 생각의 정리가 안 될 때면 냅킨에 메모를 하고 그것을 정리하곤 한다.

냅킨에 어떤 특별한 힘이 있는 것은 아니다. 그렇지만 냅킨 한 장에 메모를 하다 보면 그 순간만큼은 잡다한 생각을 떨쳐버릴 수 있다. 그리고 냅킨에 메모를 해나가다 보면 머릿속에 떠다니던 고 민들이 어느새 사라지고 당장 무엇을 해야 하는지 우선순위가 정 해진다.

카드뉴스를 만들 때도 생각이 많으면 오히려 가장 중요한 정보 는 놓치게 된다. 냅킨에 메모를 하면서 자신의 생각을 정리할 필 요가 있다. 잘 만든 사업계획서보다도 냅킨 한 장에 그려진 아이디어를 보고 행동으로 옮겨지는 변화를 겪게 될 것이다. 전달하고자 하는 것이 무엇인지 명확해야 사람들을 행동하게 만들 수 있다. 만약 지금 마케팅 활동을 하고 있음에도 불구하고 자신이 원하는 성과에 미치지 못하는 상황이라면 당장 냅킨에라도 끄적거려 보길 바란다. 냅킨에 메모를 하는 것은 자신의 생각에 여유를 주기 위한 장치와도 같다. 낙서를 하며 생각을 정리하다 보면 매출 향상에 대한 아이디어가 무궁무진하게 떠오르게 될 것이다.

08

카드뉴스, 첫 문장에 답이 있다

김도사

첫 문장이 짧고 강력하지 않으면 사람들은 대개 관심을 갖지 않는다. 카드뉴스의 첫 문장은 세일즈 포인트다. 이 첫 문장 하나로 사람들은 카드뉴스의 다음 장을 더 볼지 말지 판단한다.

유튜브 〈김도사TV〉를 보면 알겠지만 첫 화면, 첫 문장이 가장 중요하다. 내가 무엇을 전달하고 싶은지 모든 내용이 그곳에 담겨 있기 때문이다. 카드뉴스의 첫 문장에는 타깃에 대한 니즈가 들어가야 한다. 그렇지 않다면 온라인에서, 특히 모바일 환경에서 고객의 시선을 끌기란 쉽지 않다. 우리는 하루에도 수십 개의 콘텐츠와 정보를 습득한다. 그중에서 기억에 남는 것을 말하라고 하면 사람들은 제대로 답을 하지 못한다. 그렇다면 사람들이 기억할 만한 강력한 문장을 카드뉴스로 만들어 홍보한다면 어떤 효과가 나타날까?

나는 네이버 카페 〈한책협〉에 매일 카드뉴스를 업로드하고 있다. 사람들은 내가 올리는 카드뉴스를 보고 동기부여를 받거나 수강 신청을 문의하는 등 꽂히는 한마디에 열광한다. 이들 중에는 카드뉴스에 담긴 멘트 하나로 월 매출 1,000만 원 이상을 달성하는 이들이 많다. 그중에서 〈한마협〉을 운영하고 있는 마케팅 여왕 신상희 코치는 나에게 '꽂히는 카드뉴스 제작법'을 배워 잘나가는 억대 연봉 강사가 되었다.

과거에 화장품 비즈니스를 오랫동안 해왔던 신상희 코치는 온라인과 오프라인을 병행해 사업을 진행했었다. 당시 많은 수익을 거두었음에도 불구하고 나를 만나기 전까지는 늘 바쁘기만 했던 이유는 무엇일까? 꽂히는 한마디 대신 많은 말을 나열해야 됐기 때문이다. 이제 〈한마협〉 SNS를 들여다보면 신상희 대표가 알려주는 카드뉴스 마케팅 노하우가 모두 적용되어 만들어진 카드뉴스를 볼 수 있다.

카드뉴스에서 첫 멘트는 정말 중요하다. 내게 카드뉴스 마케팅을 배우는 이들은 카드뉴스의 첫 문장을 만드는 것을 어려워한다. 그러나 어려워하지 않아도 된다. 새롭게 쓰려고 하지 말고 이미 검증된 문장을 활용하면 된다.

나의 경우 인터넷 검색을 하거나 뉴스 기사 등을 보며 끌리는 제목이나 문장은 꼭 메모를 해 두는 습관이 있다. 그리고 그 문장을 활용해 카드뉴스에 넣어 보는 것이다. 이렇게 반복적으로 문장을 수정하고 다듬어가다 보면 어느새 자신의 생각대로 만들어진 문장처럼 한결 자연스러워진다. 나는 누구에게도 이러한 노하우를 배우지 못했다. 그렇기 때문에 내게 카드뉴스를 배우는 사람들에게 나의 노하우를 전폭적으로 가르쳐 주고 있다.

〈카마협〉 설미리 코치가 자신의 사회 초년생 시절 이야기를 해 준 적이 있다. 공기관에서 문서 작성을 하는 업무를 한 적이 있는데 이 문서에는 이슈에 대한 행적이 고스란히 기록되어야 했다고 한다. 그렇다고 일기 쓰듯이 주절주절 적는 것은 보고서 형태가 아니었기 때문에 주요 핵심이 눈에 잘 보이도록 명확하게 써야 했다고 한다. 한번은 설미리 코치가 난생처음 3억 원 규모의 정부사업을 도맡아 진행하게 되었는데 시작부터 난항이었다고 했다. 정부사업은 특히 모든 일의 시작과 끝이 문서로 남겨져 있어야 한다. 프로젝트 시작을 위해 밤을 새워 보고서를 작성해 상사에게 보고해야 하며, 상사는 작성한 보고서에 빨간 펜으로 메모를 하는 것이 대부분이다. 흰 종이의 보고서가 돌아올 때는 빨간 종이로 보일 정도로 수정사항이 많단다.

설미리 코치에게 대충 들은 과거의 스토리임에도 불구하고 너무 공감됐다. 상사로부터 피드백을 받고 보고서를 수정하기 시작한 모습이 지금 내가 수강생들에게 노하우를 전해 주는 상황과 비슷했기 때문이다. 수정 완료된 결과물이 눈에 확실히 잘 들어온다는 것을 알 수 있을 것이다. 사실 수정을 한 경우에는 특별히 고칠 것이 없다. 눈에 튀는 확실한 첫 문장이 결과를 가져 오기 때문이다.

나는 문장을 어떻게 하면 이해하기 쉽고 간결하게 작성할 수 있을지 고민한다. 자연스럽게 첫 문장이 끌리지 않으면 사람들은 그 다음 문장에 관심이 가지 않는다는 것을 알게 되었다.

카드뉴스의 첫 문장은 굉장히 중요하다. 카드뉴스는 두괄식으로 결론부터 이야기해야 한다. 그래야만 사람들의 시선을 사로잡을 수 있다. 카드뉴스의 첫 문장에는 '호기심', '정보', '숫자', '비교', '소개', '공포' 등의 요소가 들어가면 좋다. 이것만 카드뉴스 첫 문장에 적용시켜도 사람들은 반응을 보이기 시작한다. 더불어 카드뉴스의 첫 문장은 항상 타깃으로 삼은 고객의 고충이나 욕구를 해결하는 방안을 담아내야 한다. 그랬을 때 수많은 콘텐츠 중에서 당신의 카드뉴스가 단연 돋보이게 된다.

처음 카드뉴스를 만들면 굉장히 어렵다고 느낄 수 있다. 누구나 처음이 있다. 처음부터 잘하는 사람은 드물지만 대부분의 사람은 처음부터 완벽하게 잘하고 싶어 한다. 처음부터 완벽하게 잘 만들어 보려고 애쓰는 사람, 시작부터 잘하려고 욕심내는 사람들은 금방 어려움을 느끼고 꾸준히 이어 나가지 못한다. 그렇기 때문에 전문가에게 제대로 배워 꾸준히 자신의 능력을 키워 가야 한다.

소개팅을 생각해 보면 쉽게 이해할 수 있다. 첫인상이 마음에 들면 상대방과 함께하는 시간이 더욱 길어지게 되고 더 대화를 하고 싶어지지 않는가. 당신의 카드뉴스를 보는 고객도 마찬가지일 것이다. 고객은 당신의 제품이나 서비스에 관심 있는 것이 아니라 자신의 욕구를 채워 줄 한마디를 기다리고 있는 것이다. 고객의 입장에서 카드뉴스의 첫 문장이 끌린다면 다른 콘텐츠도 보게 될 것이고 자신이 필요로 하는 제품이 있다면 당신에게 구매 문의를 할 확률이 높아진다.

매출 상승을 기대하는 당신이라면 카드뉴스 마케팅은 필수다. 왜냐하면 사람들은 당신의 백 마디 말보다 짧은 한마디의 강력한 가치에 귀를 기울이게 되기 때문이다. 당신이 진실된 가치로 고객에게 정보를 전달했을 때 고객은 공감하고 소통하려 할 것이다. 내 제품과 서비스가 다른 곳과 다르다고 어필할 수 있는 방법이 있는가? 무엇으로든 남과는 다른 차별화 전략이 필요하다. 그렇게 하기 위해서는 카드뉴스로 당신을 드러내는 일이 우선이다. 왜냐하면 사람들은 멋들어지게 적힌 문자보다 눈에 보이는 이미지에 더 빠르게 반응하기 때문이다. 카드뉴스로 사람들에게 당신을 홍보하고 드러내면 사람들은 당신을 만나고 싶어 하게 될 것이다.

첫 문장에는 광고가 아닌 가치를 담아야 한다. 가치를 믿고 구입한 사람들은 자신이 고객임에도 불구하고 당신에게 고마워할 것이다. 그리고 지인 소개도 서슴지 않게 된다. 당신의 매출 상승에 기여하며 단골로 이어질 가능성이 높다. 제품이나 서비스, 이벤트, 할인으로 비즈니스를 하고 있다면 앞으로 더 힘들어지게 될 것이다. 자신만의 차별화 전략은 반드시 필요하다.

사람들이 당신에게 연락해야 하고 구입해야 하는 당위성을 스스로 찾아보길 바란다. 그래야만 남들과는 다른 가치를 전달할 수 있고 당신만의 차별화 전략으로 매출을 높일 수 있게 된다. 이제는 누구보다 빠르게 움직일 때다. 카드뉴스 첫 문장에 고객의 욕구를 충족해 줄 한마디를 전달해 지나가는 고객도 다시 한번 당신의 카드뉴스를 돌아보게 만들 수 있어야 한다.

PART 3

10분 만에
파워포인트로
카드뉴스 만드는 법

01
카드뉴스 마케팅
한 방에 따라잡기

신상희

미국의 한 리서치 회사의 조사보고서에 따르면 한국의 스마트 폰 보급률은 94%로 세계 1위라고 한다. 그만큼 누구나 다 가지고 있는 스마트폰으로 우리는 많은 일을 하고 있다. 다른 사람의 SNS 에 들어가 일상을 엿보기도 하고 인터넷 쇼핑을 즐기는 사람도 있 지만 이를 이용해 돈을 벌고 있는 자신의 목표를 달성하기 위해 밤낮으로 애쓰는 사람들도 많다. 내가 그중 한 명이라고 자신 있 게 말할 수 있다.

나는 현재 〈한마협〉을 운영하는 1인 창업가의 길을 걷고 있다. 사실 1인 창업가의 길을 걸으며 우여곡절도 있고 시련도 있다. 그 러나 결과적으로 나는 성공을 이루어 가고 있고 억대 연봉이라는 달콤한 보상도 따르고 있다. 나를 만나는 사람들은 평범했지만 비범한 삶을 살고 있는 억대 연봉 여성의 스토리에 관심이 크다. 그 비법을 알려 달라고 하는 사람들도 있지만 안타깝게도 명확히 이야기해 줄 수 있는 비법이 없다. 그럼에도 불구하고 한 가지 말해 주자면 찾아온 기회는 놓치지 말고 잡으라는 것이다. 나는 아이를 키우면서도 나의 성공에 대해서만 생각하고 전력질주했고, 그 결과 작가, 강연가, 코치로 활동 중이다. 내게 성공학을 가르쳐 주신 〈한책협〉의 김태광 대표 코치는 "끝에서 시작하라."고 조언했다. 나는 이 말의 의미를 깊이 깨달아 가고 있다. 평범한 여자, 엄마, 아내로서 열심히 직장생활만 하다가 한순간 경력 단절 여성이 된 내게 성공에 대한 비전을 심어 준 것이다. 이미 원하는 것을 이룬 것처럼 성공자로 끝에서 시작한다는 말은 실로 나의 가슴을 뛰게 했다.

나는 이 말을 듣자마자 성공에 대한 확신이 들었다. 시간이 지날수록 김태광 대표 코치의 조언이 머릿속에 맴돌았다. 그렇게 나는 그의 조언대로 행했고 지금의 내가 있게 된 것이다. 김태광 대표 코치의 조언이 없었다면 나는 지금도 미래에 대한 불안감을 짊어지고 살아가며 답이 없다고 한탄하고 있을 것이 분명하다.

내가 진행하는 〈하루 만에 끝내는 마케팅 글쓰기, 카드뉴스 제작과정〉은 당신에게 기회가 될 것이다. 그럼에도 불구하고 기회인지 모른다는 것이 함정이다. 나는 코스메틱 분야에서 일하며 카드뉴스는 물론이고 SNS 마케팅, 디지털 마케팅에 대한 전반적인 이해와 성과로 이어지게 하기 위해 고군분투했다. 밤낮으로 정보를 수집하고 적용해 보면서 나의 잠재력을 표출하느라 애썼고 그중 최고의 도구는 단연 '카드뉴스 마케팅'이었다.

지금 생각해 보면 미련했지만 만삭의 몸으로도 새벽까지 SNS 마케팅을 위해 혼자 열정을 불태웠었다. 나의 환경을 탓하기보다 그 환경마저도 내게 맞춰버리는 열정이 있었다. 혼자서 고군분투하는 과정에서 사람들은 눈에 보이는 콘텐츠에 반응한다는 것을 깨달았고, 그것이 나만의 시스템을 구축하는 데 필수라고 판단했다.

이때부터 나는 내가 속한 회사의 상품을 판매하는 카드뉴스를 제작했다. 그리고 고객과 상담하며 고객들이 궁금해하는 것들은 정리해 두었다가 카드뉴스로 만들어 블로그 등 접할 수 있는 SNS 채널에 홍보했다. 꿈에서조차 카드뉴스로 마케팅을 하고 있기까지 했었다.

이 글을 읽고 있는 당신도 당장 나만큼 열정을 쏟아내라는 말은 아니다. 어떠한 일을 해내고자 할 때는 "끝에서 시작하라."는 말을 적용해 보라. 목표를 이룬 자신의 모습을 상상해 보는 것이다. 목표는 누구나 정할 수 있다. 그러나 목표를 이루고 나서의 당신의 모습을 상상하는 것은 꿈을 이루는 지름길로 인도해 준다. 원하는 것을 이룬 당신의 모습을 상상하며 그 느낌을 목표와 함께 설정해 보자. 이미 이루어진 것과 같은 성공 에너지를 얻게 된다. 이 에너지를 바탕으로 전략을 구체적으로 세워 가면 된다.

가장 먼저 자신을 들여다보라. 자신만의 차별화가 필요하기 때문이다. 그러기 위해서는 나만의 콘셉트를 잡아야 한다. 나를 제대로 알리기 위해서는 제대로 시작할 필요가 있다. 하다 말다 하는 것은 오히려 독이 된다. 사람들은 모방하고 싶고 닮고 싶은 사람에게 끌리는 경향이 있다. 자신의 일상을 다른 이들에게 꾸준히 알리고 가치관과 비전을 SNS에 올려 보자. 그 도구로 카드뉴스를 활용하면 된다.

자신의 일상부터 드러내라는 조언을 하면 의아해하는 사람이 간혹 있다. "마케팅은 기술이 중요하지 않나요?"라고 말이다. 꾸준히 고객이 스스로 문의를 해 오는 마케팅을 하고 싶지 않은가? 지속적으로 고객과 소통하며 매출을 올리고 싶지 않은가? 마케팅은 롱런이다. 마케팅에 기술적으로 접근하면 잠시나마 빠른 성과로 이어진다고 느낄 수 있지만 이것은 오래가지 못한다. 내가 조언하는 마케팅은 기술보다는 '감성'이다. 키워드 검색 후 상위 노출이 되어 있다고 해서 반드시 내게 문의가 오는 것은 아니기 때문이다. 결국 사람들은 당신이 올린 글과 사진 한 장에 끌려서 문의를 하는 것이다.

그럼에도 불구하고 망설이는 사람들이 있다. 자신에 대한 확고

한 믿음이 없기 때문이다. 이미 이루어졌다고 생각하고 끝에서 시작한다면 환경은 두 번째 문제다. 그리고 모두가 다 똑같다. 다만 마케팅 전문가의 도움을 받고 행하는 사람과 행하지 않는 사람의 차이가 극명하다는 것이다. 나는 자부한다. 지금의 내가 이루어낸 것처럼 이 방법대로 실행하면 누구나 성과를 낼 수 있고 매출 상승의 효과를 볼 수 있다고 말이다.

나는 누구나 다 선택이 아닌 필수로 카드뉴스 마케팅을 해야 한다고 말한다. 왜냐하면 홍보를 하고 마케팅을 하는 데 있어서 도 자신을 표현하는 이미지 형태의 콘텐츠는 필수이기 때문이다. 나는 그 방법을 알고 있으며, 이를 사람들에게 알리는 코치로서의 삶을 살아가고 있다.

복잡한 프로그램도 필요 없이 스마트폰 하나로도 카드뉴스 제작이 가능하다. 정작 카드뉴스로 무엇을 말하고자 하는지 목표가 명확하지 않기 때문에 전략 수립이나 매출로 연결되는 방법에 대해서는 잘 모르고 있다. 지금 시작이 어렵고 방향 설정이 어렵다 면 전문가의 도움을 받아 시간과 돈을 절약하는 것이 현명하다.

카드뉴스 마케팅, 이제 손쉽게 한방에 따라잡을 수 있다. 결국 마케팅 전쟁에서 승리할 수 있는 비결은 기술보다는 '감성', 설득보다는 '표현'이다. 카드뉴스는 마케팅에서는 절대적으로 빼놓을 수 없는 도구다. 카드뉴스 없이 무엇으로 제품을 홍보하고 판매할 수 있을까. 카드뉴스 마케팅에 대한 정보는 인터넷 검색을 통해서도 쉽게 접할 수 있다. '아, 이렇게 따라하면 되겠네'라는 생각을 가지는 사람들도 많다. 하지만 이것은 어떠한 결과로 이어지지 못한다. 결과물이 없다면 이미 이룬 사람의 방법과 노하우를 배워야만 하지 않겠는가.

나는 현장 경험이 풍부한 사람이다. 경험으로 만들어진 나의 노하우는 많은 이들에게 각광받고 있다. 나는 아직도 마케팅에 대한 연구를 하고 있고 노하우를 축적해 가고 있다. 단순히 교육시키는 것에서 끝나버리면 결국 처음 시작과 똑같기 때문이다. 나의 노하우를 얻고 싶다면 070 4414 3780으로 연락해 보자. 성과로 이어지는 카드뉴스 마케팅 기술을 전수해 주겠다.

02
모르면 손해 보는
초간단 카드뉴스 만들기

신상희

카드뉴스는 단 5분 내로도 만들어 낼 수 있는 콘텐츠다. 보통 카드뉴스 제작에 10분을 넘기지 않는 것이 좋다. 시간이 오래 걸릴 정도로 어렵고 힘들면 꾸준히 카드뉴스를 생산해낼 수 없기 때문이다. 어느 콘텐츠든 마찬가지다. 자신을 드러내고 홍보하는 데 최적의 콘텐츠인 카드뉴스는 특히 꾸준히 노출시켜야 성과로 이어질 수 있다.

이제 카드뉴스를 간단하고도 꾸준히 만들어 내는 방법에 대해 설명하겠다. 카드뉴스를 빠르게 만들기 위해서는 남들이 어떻게 하는지를 먼저 보면 된다. 경쟁자의 카드뉴스를 보면서 벤치마킹하는 시간을 미리 가져야 한다. 그리고 그것을 자신의 콘텐츠와 비즈니스에 맞게 베끼고 창조하면 된다. 이 방법이 싫어서 자신이 새롭게 창조하려고 노력을 기울이는 사람들이 있다. 그들의 의견을 존중해 반대는 하지 않지만 그들도 결국 내게 벤치마킹 방법부터 문의해 온다.

벤치마킹은 어렵지 않다. 경쟁자의 SNS에 노출되고 있는 카드뉴스를 보며 자신에게 대입시키는 것이다. 그리고 그 콘셉트가 자신에게 어울리면 흡수해 나만의 콘텐츠로 바꿔 보면 간단하게 만들어낼 수 있다. 이렇게 만들다 보면 재미를 느끼게 되고, 하루에도 수십 장의 카드뉴스를 뚝딱 만들어 내게 된다.

내가 운영하고 있는 〈한마협〉 수강생들 중 의류업에 종사하는 사람이 많다. 그들은 주로 인스타그램으로 홍보하고 있다. 그러나 인스타그램으로 의류 사업하는 사람들은 그 수를 확인하기조차 어려울 만큼 많다. 이런 현실에서 특별하게 눈에 띄는 카드뉴스 만들기 방법은 무엇이 있을까?

우선 벤치마킹을 해야 한다. 인스타그램으로 의류사업을 통해 돈을 벌고 있는 사람을 찾아라. 통장 입금내역 또는 돈다발을 올려놓은 사진이 있는 사람이 반드시 돈을 많이 버는 것은 아니다. 사업이 활성화되고 있고 잘되고 있다는 느낌이 중요하다.

이 계정은 굉장히 활발하게 옷을 판매하고 있다. 그 비결은
무엇일까? 다름 아닌 카드뉴스에 있다. 'OPEN', 'Hurry UP!',
'SOLD OUT!'이라는 문구를 담고 있는 카드뉴스는 매우 직관적
이다. 판매하는 옷 사진을 올린 이후로 이 카드뉴스는 순차적으로
노출된다. 카드뉴스를 통해 무슨 말을 하고 있는지 정확하게 가늠
할 수 있다. 그리고 사람들은 이 카드뉴스를 보고 행동하기 시작
한다.

이 카드뉴스는 굉장히 만들기 쉽고 메시지를 정확하게 전달할
수 있다.

① 파워포인트를 실행하고 '새 프레젠테이션'을 만들어 준다.

② '디자인 → 슬라이드 크기 → 사용자 지정 슬라이드 크기'를 클릭한다.

③ '사용자 지정'을 선택하고 너비 25cm×높이 25cm로 설정 후 '최대화'를 클릭한다.

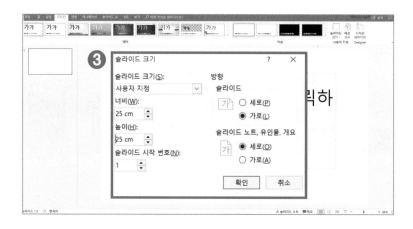

④ 이미지 공유 사이트 '픽사베이'에서 '시계'를 검색 후 원하는 이미지를 다운로드한다. 저장한 폴더에서 이미지를 불러와 사이즈와 위치를 조정한다. '삽입 → 텍스트 상자'를 클릭 후 텍스트를 입력한다. 폰트는 PC에 기본적으로 제공된 'Adobe Heiti Std R'과 'Adobe Arabic'을 사용했다. 폰트 사이즈는 'open'부터 순서대로 96pt, 40pt, 54pt로 설정한다.

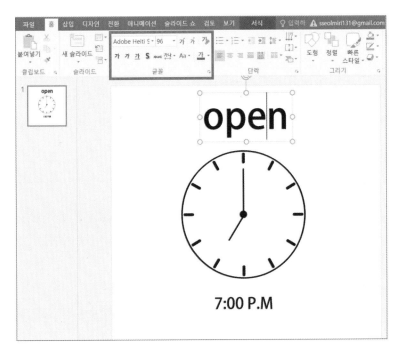

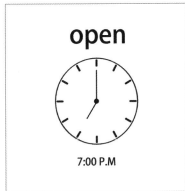

⑤ 이렇게 카드뉴스가 완성되면 PNG 파일로 저장한다.

이처럼 인스타그램 계정에서 활용하는 카드뉴스의 전략을 자신에게 적용해 보는 것도 좋은 방법이다. 'open' 카드뉴스를 올리고 조금 후 서두르라는 'Hurry up' 카드뉴스를 올리면 심리적으로 자신도 사야 할 것 같은 느낌을 받게 된다. 홈쇼핑에서도 '선착순', '마감임박'을 쓰는 이유와 같은 전략이다. 카드뉴스로 마케팅 전략을 세우면 매출은 당연히 오르게 되어 있다.

03
페이스북
세로형 카드뉴스 만들기

신상희

세로형 카드뉴스는 모바일 화면에 최적화된 카드뉴스 형태다. 그만큼 사람들은 세로형 카드뉴스에 집중도, 몰입도가 높다. 주의할 점은 세로형이기 때문에 행간의 텍스트 제한이 있다는 것이다. 세로형 카드뉴스에 들어갈 텍스트는 더욱 짧고 간결해야 하고 스토리를 구성해야 사람들에게 긍정적인 반응을 불러올 수 있다.

다음은 페이스북에서 세로형 카드뉴스로 콘텐츠를 생산하고 있는 페이스북 페이지다. 이들의 공통점은 디자인에 비중을 두기보다 스토리 구성에 중점을 두었다는 점이다. 이것만 봐도 세로형 카드뉴스에서는 텍스트와 스토리가 중요하다는 것을 알 수 있다.

① 파워포인트를 실행하고 '새 프레젠테이션'을 만들어 준다.

② '디자인 → 슬라이드 크기 → 사용자 지정 슬라이드 크기'를 클릭한다.

③ '사용자 지정'을 선택하고 너비 22cm×높이 32cm로 설정 후 '최대화'를 클릭한다.

여기서 제작해 볼 카드뉴스의 문구는 "일단 티켓부터 끊고 생각하세요!"다. 세로형 카드뉴스의 제목에는 반전, 호기심, 재미, 공감 등의 요소가 포함되어야만 사람들이 카드뉴스를 끝까지 읽게 된다. 이 카드뉴스는 페이스북에서 활용하면 좋다. 그리고 스토리 중심의 세로형 카드뉴스는 디자인이 예쁘지 않아도 사람들은 끌려한다. 본격적으로 세로형 카드뉴스를 만들어보겠다.

④ 카드뉴스와 어울리는 이미지를 이미지 공유 사이트 '픽사베이'에서 다운로드한다. 파워포인트에서 '삽입→그림'을 클릭해 저장한 파일을 불러온다. 불러온 이미지는 슬라이드에 맞춰 적절히 조정한다.

⑤ '삽입 → 텍스트 상자'를 클릭한 후 텍스트를 입력한다. 폰트는 '가운데 정렬'을 해야 가독성이 높아진다. 폰트는 '신명조

체', 폰트 사이즈는 따옴표 66pt, 내용 44pt로 설정한다.

⑥ 이렇게 세로형 카드뉴스가 완성되면 PNG 파일로 저장한다.

스토리 중심이기 때문에 디자인에 큰 비중을 두지 않았다. 세로형 카드뉴스는 정보를 제공해 주는 텍스트로 설정하면 사람들에게 호응을 쉽게 얻어낼 수 있다. 페이스북에서 이를 활용해 팬을 확보하는 것도 좋은 방법이다.

04
정사각형 카드뉴스 만들기

신상희

정사각형 카드뉴스는 일반적으로 가장 많이 쓰이는 형태 중 하나다. 정사각형 카드뉴스는 SNS 홍보 시 사이즈에 구애 없이 쉽게 활용이 가능하다. 다만, 페이스북에서 정사각형 카드뉴스로 홍보를 할 때는 제목과 내용이 굉장히 중요하다. 특히 5번째 카드뉴스가 궁금해져서 클릭하고 싶어지도록 유도해야 하기 때문에 카드뉴스의 색상, 폰트, 폰트 사이즈, 구성 등 굉장히 많은 부분에 신경을 써야 한다.

① 파워포인트를 실행하고 '새 프레젠테이션'을 만들어 준다.
② '디자인 → 슬라이드 크기 → 사용자 지정 슬라이드 크기'를

클릭한다.

③ '사용자 지정'을 선택하고 너비 25cm×높이 25cm로 설정
후 '최대화'를 클릭한다.

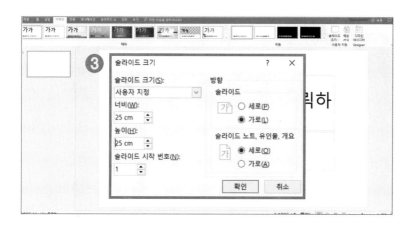

이 글에서 제작해 볼 카드뉴스는 '독박육아 즐겁게 하는 3가지
방법'이다. 육아와 관련된 카드뉴스는 인스타그램, 블로그에서 활
용하면 좋은 주제다. 우선 육아라는 주제와 어울리는 이미지를 찾
아야 한다. 이미지 공유 사이트 '픽사베이'에서 '육아' 키워드로
검색 후 원하는 이미지를 다운로드하면 된다.

④ 다시 파워포인트로 돌아와 삽입 → 그림(🔲)을 클릭한 후
그림
저장한 폴더에서 이미지를 불러온다.

⑤ 슬라이드에 비해 이미지가 크다면 위치와 사이즈를 조정한다.
사각 점을 눌러서 늘려 주면 된다. 이미지를 슬라이드에 맞게 자르고
싶다면 이미지를 더블 클릭한 후 '자르기' 기능을 활용할 수 있다.

⑥ 카드뉴스의 가독성을 높이기 위해 배경 이미지의 밝기와 대비의 수치를 조절한다.

⑦ 삽입 → 텍스트 상자(텍스트 상자)를 클릭한 후 텍스트를 입력한다. 텍스트의 정렬은 왼쪽으로 하는 것이 좋다. 그래야 사람들이 보기에 안정감이 든다.

⑧ 적절한 폰트를 선택한다. 문구의 사이즈는 96pt이고 〈카드뉴스마케팅코칭협회〉는 20pt로 설정한다. 폰트 색상은 흰색으로 설정하고 강조하고 싶은 부분만 노란색으로 설정한다. 텍스트에 포인트를 주기 위해 '텍스트 그림자'를 클릭한다.

⑨ 카드뉴스 제작 시 자신을 알리는 네이밍 또는 로고를 넣는 것이 좋다. 이 카드뉴스를 누가 발행했는지 알 수 있고 이를 통해 고객이 당신을 찾아올 수 있기 때문이다.

⑩ 육아를 주제로 한 카드뉴스가 완성되었다. PNG 확장자로 저장하면 온라인 홍보 시에 뭉개지는 현상 등을 최소화할 수 있다.

완성된 카드뉴스는 모바일에서 한 번 더 확인하는 것이 좋다. 모바일과 PC에서 보는 카드뉴스의 느낌은 엄청난 차이가 난다. 모바일에서 한 번 더 확인한 후 수정할 부분이 없는지 점검하고 최종적으로 마무리하면 된다. 이렇게 완성된 카드뉴스는 블로그와 인스타그램에 업로드해 활용이 가능하다. 그리고 네이밍 또는 로고를 포함한 해시태그 등을 함께 SNS에 노출하면 홍보 효과는 더욱 높아진다.

05
가로형 카드뉴스 만들기

신상희

가로형 카드뉴스는 페이스북 홍보용으로 가장 많이 쓰이는 형태다. 첫 장 카드뉴스의 사이즈가 사람들의 시선을 끌어오기에 충분한 사이즈이고 메시지도 안정적으로 전달할 수 있다. 보통 가로형 카드뉴스 첫 장에 홍보하려는 핵심 내용이 들어가고 나머지 장의 카드뉴스에 설명내용이 들어간다. 그렇다면 본격적으로 가로형 카드뉴스를 만들어보도록 하겠다.

① 파워포인트 실행하고 '새 프레젠테이션'을 만들어 준다.
② '디자인 → 슬라이드 크기 → 사용자 지정 슬라이드 크기'를 클릭한다.

③ '사용자 지정'을 선택하고 너비 32cm×높이 22cm로 설정 후 '최대화'를 클릭한다.

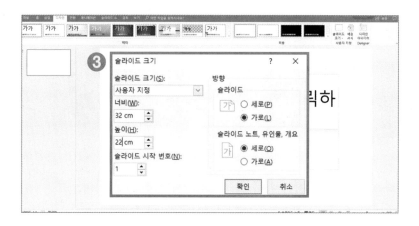

이번에 제작해 볼 카드뉴스는 "말더듬을 극복하고 작가, 코치, 강연가, 1인 창업가가 된 비법"이다. 카드뉴스 제목을 작성할 때는 이러한 비법, 노하우를 넣는 것이 효과적이다. 카드뉴스에 적절한 사진을 '삽입 → 그림'을 선택해 내 컴퓨터에 저장된 이미지를 불러온다.

④ 불러온 이미지는 적절한 크기로 자른다. 슬라이드에 사이즈 및 텍스트 입력할 부분의 위치를 고려해 이미지를 적절히 조정한다. 이미지 자르기 기능은 이미지 더블 클릭 후 우측 상단 '자르기( )' 버튼을 클릭해 마우스로 이미지 끝면을 드래그해 조정하면 된다.

⑤ 배경 이미지의 색상이 뚜렷하면 텍스트가 돋보이지 않는다. 최대한 배경 이미지에 손상이 가지 않는 선에서 채도 변경 및 색상을 조정해 줄 필요가 있다. '서식 → 색'에서 색조 등을 선택한다. 이미지를 더블 클릭 시에도 이 기능을 활용할 수 있다.

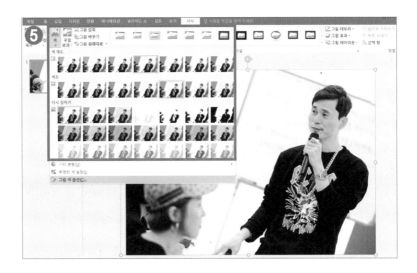

⑥ '삽입 → 텍스트 상자'를 클릭한 후 텍스트를 입력한다. 가로형 카드뉴스의 텍스트는 가운데 정렬을 해주는 것이 보기에 안정감이 있고 가독성이 높다. 이 카드뉴스에서 쓰인 폰트의 종류는 신명조, Tmon체, 나눔고딕 3가지다. 폰트는 3개 이하로 사용하는 것이 좋다. 폰트 사이즈는 제목 첫줄 44pt, 둘째 줄 66pt다.

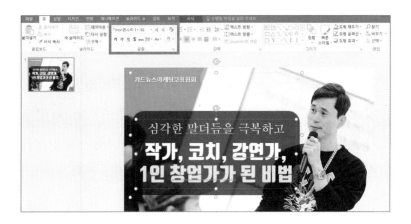

⑦ 카드뉴스에는 항상 출처를 남겨주는 것이 좋다. 출처라 함은 자신의 네이밍을 말한다. 여기서 쓰인 네이밍의 폰트 사이즈는 22pt이고 폰트의 종류는 나눔고딕이다.

⑧ 이렇게 만든 카드뉴스는 슬라이드쇼로 확인한다. 그리고 PNG 파일로 저장 후 휴대전화에서 다시 한번 확인한다. PC 환경에서 보는 것과는 또 다른 느낌으로 다가오기 때문에 이때 수정할 부분을 점검한 뒤 최종적으로 이미지 파일로 저장하면 된다.

06
가독성 좋은 카드뉴스 만들기

신상희

가독성 좋은 카드뉴스란 반응이 높은 카드뉴스로 이해하면 쉽다. 당신이 만든 카드뉴스가 얼마나 쉽게 읽히고 한눈에 들어오느냐에 따라 사람들의 반응이 달라진다. 가독성 좋은 카드뉴스 하나로 사람들의 행동 변화를 유도할 수 있고 매출까지 연결할 수 있다. 가독성 좋은 카드뉴스를 만들기 위해서는 가장 먼저 자신의 경쟁자를 벤치마킹하는 것이 좋다. 벤치마킹을 통해 카드뉴스를 만들 소재를 발굴하기도 하고 가독성이 떨어지는 사례를 보며 자신만의 카드뉴스를 만들 수 있게 되는 것이다.

SNS에는 카드뉴스가 무수히 많다. 그중 내가 최근에 본 가독성이 떨어지는 카드뉴스 사례로 연구해 보자.

카드뉴스는 전달하려는 목적이 명확해야 한다. 또한 제목 선정이 매우 중요하다. 자신의 생각만 전달하려는 제목은 고객이 이해하기 어렵다. 그렇기 때문에 사람들이 자주 쓰는 말투로 제목을 적는 것도 하나의 전략이다.

무엇보다 고객이 카드뉴스를 통해 얻을 수 있는 정보를 제공해 주는 것이 좋다. 일반적으로 인터넷 검색만 해도 알 수 있는 정보로 카드뉴스를 만드는 것은 차별화가 없다. 이럴 때는 계절 이슈를 예시로 들어 언제 어떻게 먹었을 때 효과적인지 적어 주면 좋다.

또한 카드뉴스에 들어가는 이미지가 주제와 맞아 떨어져야 한다. 위의 예시를 보면 여러 개의 고구마 중에서도 호구마라는 상품이 특별하다는 느낌의 이미지를 사용할 필요가 있다. 이미지 구하는 것이 어렵다면 그 상품과 어울리는 색상을 선정하고 제목과 내용 폰트의 색상을 더 잘 보이도록 적절히 조정해 주면 된다.

이번에는 한눈에 꽂히는 가독성 높은 카드뉴스로 만들어 보는 실습을 시작하겠다.

① 파워포인트를 실행하고 '새 프레젠테이션'을 만들어 준다.

② '디자인 → 슬라이드 크기 → 사용자 지정 슬라이드 크기'를 클릭한다.

③ '사용자 지정'을 선택하고 너비 25cm×높이 25cm로 설정 후 '최대화'를 클릭한다.

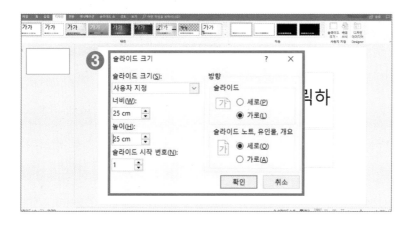

④ 카드뉴스 주제와 어울리는 이미지를 '삽입 → 그림'으로 불러온다. 불러온 이미지를 더블 클릭 후 우측 상단 '자르기' 기능을 활용해 이미지 위치와 사이즈를 조정한다. 배경 이미지의 색상이 짙으면 카드뉴스 내용에 방해가 될 수 있기 때문에 색상을 조정한다. '서식 → 색'에서 색조 또는 이미지를 더블 클릭 시에도 이 기능을 활용할 수 있다.

⑤ '삽입 → 텍스트 상자'를 이용해 텍스트를 입력한다. 제목과
내용에 각각 다른 폰트를 사용하는 것이 좋다. 여기서는 '견고딕'
과 'TMON' 체를 사용했다. 제목과 내용의 폰트를 달리 사용하는
이유는 구분된 느낌을 주기 위해서다. 그러면 보는 사람들이 카드
뉴스의 내용을 빠르게 이해하고 파악할 수 있게 된다. 폰트 크기
는 각각 40pt, 90pt로 설정한다. 마지막으로 자신을 홍보하고 찾
아오게 하는 네이밍이나 로고를 넣어 주면 된다.

⑥ 제목과 내용 텍스트의 가독성을 높이려면 도형을 이용하면 된다. '삽입 → 도형 → 직사각형'을 눌러 슬라이드에 그린다. 그 다음 도형을 텍스트 뒤로 보낸다. 도형을 선택하고 마우스 우클릭 시 '맨 뒤로 보내기 → 뒤로 보내기'를 2회 클릭하면 텍스트 뒤로 도형이 삽입된다.

⑦ 도형의 색상을 변경한다. 도형을 선택하고 우클릭 후 '도형 서식'을 클릭한다. 우측 도형서식에서 '채우기 → 색'에서 검정색 을 선택하고 투명도를 40%로 설정한다. '선 → 선 없음'으로 설정 하면 예시와 같이 텍스트가 강조된다.

⑧ 이렇게 가독성 높은 카드뉴스가 완성되었다. PNG로 저장
후 각종 SNS에서 활용하면 된다.

07
좋아요 & 공유를 부르는
카드뉴스 만들기

신상희

우리는 SNS 채널 운영 전략에 대해 끊임없이 연구하고 분석하고 있다. 맨땅에 헤딩하듯 우선 해 보고 점검해 가면서 팀 실적을 지속적으로 끌어올리기를 반복했다. 몇 년 전만 해도 카카오스토리가 굉장한 인기였다. 카카오스토리에서는 '좋아요'보다는 콘텐츠를 공유하게 하는 콘텐츠 전략을 구성하는 데 집중했었다. 공유가 많이 일어나는 콘텐츠에는 어떤 전략이 있을까, 사람들은 왜 공유를 할까 밤낮없이 고민했다.

이렇게 매일 고민하고 분석한 것의 보상은 달콤했다. 좋아요 & 공유가 많은 콘텐츠는 단순 정보 글과는 달랐다. 사람들이 '좋아요'를 누르고 공유하는 이유는 '소장 가치'에 있었다. 자신에게 이익이 되는 콘텐츠라면 당장에 눈여겨보지 않아도 유익하다고 판단해 자신의 계정에 공유하는 것이었다. 자신이 공유한 게시글은 다른 사람들에게도 PUSH 안내가 되어 자발적인 바이럴 마케팅이 이루어졌다. 자발적으로 콘텐츠가 공유되고 확산되는 데에도 먹히는 콘텐츠가 있었다. 나는 이를 바탕으로 카드뉴스를 제작해 왔다. 그리고 현재 협회를 운영하며 수강생들에게 나의 노하우를 빠짐없이 알려 주고 있다.

사람을 유혹하는 카드뉴스 제작은 매우 쉽다. 나의 이야기를 드러내는 것부터 시작된다. 나는 카카오스토리의 콘텐츠들을 셀 수 없을 만큼 분석했다. 공유횟수가 3만이 넘어가고 '좋아요'가 1만 이상이었던 콘텐츠들도 굉장히 많이 봤다. 이들 콘텐츠의 중심에는 단연 스토리가 들어가 있었다. 그 스토리에는 진정성이라는 감정이 포함되어야 한다.

내가 본 문구 중에 '잘나가는 대치동 A학원 강사가 학부모님께 드리는 조언'이라는 것이 있었다. 굉장히 호소력이 짙은 내용이었지만 결과적으로 이 학원 강사의 브랜드 포지셔닝을 알리는 글이었다. 이때 사용된 카드뉴스는 일상 사진에 텍스트 몇 줄이 적힌 것이었다. 좋아요&공유가 잘되는 카드뉴스는 목적과 타깃이 명확하다. 이것만 명확히 해도 사람들은 알아서 당신의 카드뉴스를 공유하고 '좋아요'를 누르며 문의를 해올 것이다.

① 텍스트 상자를 활용해 텍스트를 입력한다. 입력한 텍스트를 그대로 복사한 다음 가장 위의 텍스트는 흰색으로 설정하고 나머지 텍스트는 검정색으로 설정한다. 그림자 역할을 해 텍스트가 더 뚜렷하게 보이도록 하기 위해서다.

② '삽입 → 도형'을 클릭한 다음 마우스 우클릭 후 '도형 서식'을 누른다. '채우기 → 그라데이션 채우기'를 누르고 원하는 색을 지정한다. 기본적으로 '그라데이션 중지점'이 설정되어 있으나 이 부분도 적절히 조정할 수 있다. 투명도는 100%로 지정한다. 마지막으로 '선 없음'을 클릭한다.

③ 그라데이션 적용 후 텍스트가 잘 보이므로 텍스트 선택 →
마우스 우클릭 후 '뒤로 보내기'를 눌러 순서 변경을 한다.

좋아요&공유를 부르는 카드뉴스 제작 기법은 매우 쉽다. 자신의 스토리를 드러내서 정보로 보여야만 한다. 그리고 현장감이 있는 이미지를 사용했을 때 시너지 효과를 볼 수 있다. 그랬을 때 사람들은 자발적으로 '좋아요'를 누르고 공유를 하며 당신의 콘텐츠에 호응하게 되는 것이다.

PART 4

카드뉴스에서 텍스트를
잘 보이게 하는
8가지 기술

01
눈이 피로하지 않은
폰트 크기 설정법

김도사

모바일로 은행 업무, 쇼핑, 인터넷 검색 등 많은 일을 해결하고 많은 정보를 취하는 시대다. 하지만 그만큼 눈의 피로도도 급격히 쌓인다. 그 이유가 단순히 많은 것을 보기 때문일까? 물론 그것도 하나의 원인이 될 수 있지만 폰트 크기에 따라서도 눈의 피로도는 급격해진다. 작은 화면의 작은 폰트 크기는 사람들의 눈을 피로하게 만든다.

눈의 피로감을 덜어 주고 읽기에도 편하게 작성된 글이나 콘텐츠는 가독성이 높고 사람들의 시선을 사로잡을 수 있다. 그렇다면 어떤 글이나 콘텐츠가 눈의 피로도를 줄여 주고 가독성을 높여 줄까?

상기 좌측 이미지에서 보는 것처럼 뉴스 기사는 눈의 피로도를 높이는 대표적인 예다. 텍스트 위주의 기사에서도 강약 조절과 제목과 내용의 구분이 필요하다. 반면에 우측 이미지는 같은 뉴스 기사를 카드뉴스로 제작한 것으로, 폰트 크기의 강약 조절이 되어 있다. 즉, 사람들에게 어필해야 하는 키워드의 폰트 크기를 키워 주목도를 높인 것이다. 사실 이 카드뉴스도 제목과 폰트 정렬 부분에 있어 조금의 아쉬움은 있지만 이 글에서는 말하고자 하는 눈이 피로하지 않은 폰트 크기 설정 사례로는 적합하다.

이 이미지는 인스타그램에서 '카드뉴스' 해시태그로 검색한 결과다. 우선 다양한 카드뉴스를 많이 보는 것이 중요하다. 남들이 어떠한 주제로 기획·구성을 했는지, 카드뉴스 노출 전략이나 전반적인 디자인, 색상은 어떠한지 등 한눈에 꽂히는 카드뉴스를 벤치마킹하는 것이 현명하다. 특히 폰트 크기를 확인하는 것이 중요하다. 한눈에 들어온다는 것은 그만큼 눈의 피로감을 덜어 주는 가독성 높은 카드뉴스를 제공하고 있다는 증거이기 때문이다.

폰트 크기가 작으면 어떠한 메시지를 담은 카드뉴스인지 한눈에 파악하기 어렵다. 카드뉴스 제목의 글자 수가 많으면 중요한 키워드만 폰트 크기를 키워 메시지를 전달하는 방법도 있다. 제목의 단락을 나누는 것도 가독성을 높이는 데 도움이 된다. 이 경우 세 줄 이하로 나누는 것이 사람들에게 안정감을 주고 눈의 피로도를 줄여 줄 수 있다.

눈이 피로하지 않은 폰트 크기는 카드뉴스 제작 사이즈에 따라 다르게 설정된다. 일반적으로 가장 많이 쓰이는 정사각형의 카드뉴스로 예시를 들어 보겠다. 정사각형 카드뉴스는 900px× 900px로 제작된다. 폰트 정렬과 이미지 사용에 따라 폰트 크기도 달라진다. 다음 예시의 폰트 크기는 150pt다. 정사각형 카드뉴스는 보통 폰트를 가운데 정렬로 배치하는 것이 좋다. 그래야만 사람들의 집중도를 높일 수 있고 시선을 사로잡을 수 있기 때문이다.

카드뉴스의 폰트 크기는 카드뉴스 제작 사이즈에 따라 달라진

다. 어느 것 하나도 중요하지 않을 수 없지만 무엇보다 폰트 크기에 따라 사람들의 시선을 사로잡을 수 있기 때문에 남들이 제작한 카드뉴스 벤치마킹은 필수다. 앞의 사례 중에서 바로 눈에 꽂히는 카드뉴스가 있는가? 고객 역시 마찬가지다. 당신의 카드뉴스가 한 눈에 꽂힌다면 문의를 해 올 것이다.

내용이 한눈에 들어오는
행간 및 자간 설정법

김도사

가독성을 높이기 위해 필요한 요소는 무엇이 있을까? 화려한 디자인보다도 행간, 자간 설정이 중요하다. 행간, 자간 설정만으로도 한눈에 보기 편한 콘텐츠가 완성되고 매출 상승이라는 효과를 얻게 된다.

행간이란 행과 행 사이의 공간을 말한다. 이 행간이 가독성을 높이는 데 한몫한다. 행간이 넓으면 보기 불편하고 눈에 잘 들어오지 않는다. 왜냐하면 한 장의 콘텐츠에 삽입된 내용이라 해도 행간이 넓으면 사람들은 시선이 옮겨지는 것에 피로감을 느끼고 흐름이 끊겨 중요한 정보로 인식하지 못하게 된다.

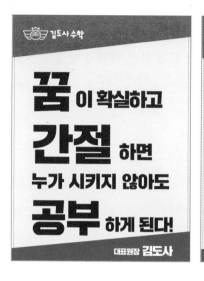
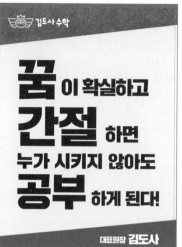

왼쪽 카드뉴스는 행간과 자간을 수정할 필요가 있다. 행간이 좁아서 한눈에 보기에 내용이 잘 들어오지 않고 무슨 말인지 이해가 쉽지 않다. 오른쪽처럼 수정하면 가독성이 높아져 사람들이 빠르게 시선을 옮겨가며 내용을 파악할 수 있다.

파워포인트에서 행간 조절은 줄 간격(🔲)을 활용하면 된다.

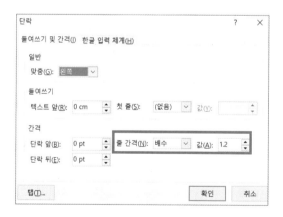

줄 간격 옵션을 클릭한 후 '줄 간격 – 배수'에서 값을 1.2로 지정한다. 행간을 조절하면 기존보다 훨씬 보기 편하고 안정적인 느낌을 준다. 폰트 크기도 함께 적절히 조절하면 카드뉴스가 풍성해 보이는 효과를 얻을 수 있다.

자간 조절도 매우 중요하다. 자간이란 글자와 글자 사이의 간격을 말한다. 행간과 마찬가지로 적당한 자간 설정은 가독성을 높이는 데 한몫한다. 폰트의 크기와 카드뉴스 제작 사이즈에 따라서 자간 설정은 달라질 수 있다. 다음 예시의 폰트는 '나눔고딕', 크기는 18pt다. 보통 파워포인트에서 텍스트 입력 시 자간은 '표준'으로 설정되어 있다. 예시 이미지를 비교해 보더라도 위쪽 이미지보다는 자간을 줄인 아래쪽 이미지가 훨씬 보기 편하게 느껴진다. 왜냐하면 내용이 한눈에 들어오기 때문이다. 파워포인트에서 '문자 간격'을 좁게 설정하면 된다.

카드뉴스로 잠재고객을 찾아라
카드뉴스로 고객의 마음을 훔쳐라
카드뉴스는 첫 3초가 성패를 좌우한다

카드뉴스로 잠재고객을 찾아라
카드뉴스로 고객의 마음을 훔쳐라
카드뉴스는 첫 3초가 성패를 좌우한다

　행간과 자간을 줄여둔 예시를 통해 넓고 좁은 차이를 확인할 수 있는가. 행간, 자간 모두 넓은 것보다는 좁게 설정하는 것이 한눈에 보기 편하다. 왜냐하면 사람들은 한 장의 사진을 보듯이 전체적인 느낌으로 내용을 판단하기 때문이다. 한눈에 자신이 원하는 내용을 굉장히 빠른 속도로 받아들이고 판단하는 것이다. 그렇기 때문에 카드뉴스에 들어가는 행간, 자간 설정은 매우 중요하게 작용한다.

　글자 간격은 폰트의 종류와도 밀접한 관계가 있다. 폰트의 종류는 굉장히 많기 때문에 다양하게 적용해 보면서 카드뉴스의 좌우 공간과 위치와도 맞게 조정해 주는 것이 좋다. 전체적으로 내용이 한눈에 들어오도록 행간 및 자간으로 카드뉴스의 텍스트 균형을 맞춰 주는 것이다. 말 그대로 균형이 잘 잡혀야 안정적으로 카드뉴스를 보게 된다.

사실 카드뉴스는 '어떻게 전달하느냐'보다 '어떻게 기억하게 하느냐'에 따라 매출에 영향을 미친다. 왜냐하면 아무리 좋은 내용의 카드뉴스라 해도 가독성이 낮다면 사람들은 읽지 않으려 하기 때문이다. 사람들의 시선에서 멀어진다면 애써 만든 카드뉴스는 성과로 이어지기 어렵다. 행간, 자간을 적절히 설정해 가독성을 높여 고객의 시선을 사로잡을 필요가 있다.

안정적인 폰트 정렬
설정 노하우

김도사

"아! 디자인 감각도 필요하네요."

카드뉴스 강의를 하면서 자주 듣는 말이다. 물론 카드뉴스는 디자인도 무시하지 못하는 부분이지만 그렇다고 디자인이 전부인 것은 아니다. 디자인 감각이 없어도 사람들의 시선을 사로잡을 수 있는 콘텐츠가 바로 카드뉴스이기 때문이다. 사람들이 당신의 카드뉴스를 보게 만들기만 하면 된다.

당신의 카드뉴스를 사람들이 보게 하려면 어떤 전략이 필요하겠는가? 전달하려는 메시지가 한눈에 들어오도록 가독성을 높이면 된다. 그 방법에 디자인적 감각과 노력이 동반되어야겠지만 이 글에서 알려 주는 몇 가지 기준만 숙지한다면 쉽게 해결할 수 있다.

가독성을 높이는 요소에는 행간, 자간 설정, 폰트 크기 등이 있지만 폰트 정렬 또한 매우 중요한 비중을 차지한다. 폰트의 정렬은 카드뉴스의 주제와 콘셉트에 따라 달라진다. 폰트의 정렬은 '왼쪽 정렬', '오른쪽 정렬', '가운데 정렬'이 있다. 나의 경우 카드뉴스 제작 시 특히 왼쪽 정렬을 가장 많이 활용한다. 왜냐하면 왼쪽 정렬은 사람들이 익숙하게 받아들이고 안정감 있게 콘텐츠를 보게 되기 때문이다. 일반적으로 책을 읽거나 글씨를 쓰더라도 시선은 왼쪽에서 오른쪽으로 향한다. 익숙함은 콘텐츠를 소비하는 데도 적용되는 부분이다.

좌측 카드뉴스는 제목과 내용 모두 왼쪽 정렬을 해주었다. 우측 카드뉴스는 내용에 왼쪽 정렬을 해주었다. 보통 카드뉴스의 제목은 왼쪽 정렬을 해 주고 내용은 가운데 또는 오른쪽 정렬을 하지만 상황에 따라 적절히 균형을 맞추는 것이 좋다.

폰트 정렬이 왼쪽부터 시작되면 흔들림 없이 정돈된 느낌을 준다. 그리고 시선이 분산되지 않고 한눈에 내용을 파악할 수 있다. 디자인적 감각이 없어도 왼쪽 정렬을 통해 가독성 높은 카드뉴스를 제작할 수 있다.

가운데 정렬은 보통 책이나 브로슈어 등의 표지에 많이 쓰인다. 중요한 것을 강력하게 전달하고자 할 때 가운데 정렬을 하면 효과적이다. 가운데 정렬은 카드뉴스 제작 사이즈와 이미지 등 상하좌우 대칭을 확인하는 것이 좋다. 한쪽으로 치우치면 불안정하게 보일 수 있고, 이미지에 맞추면 내용이 잘 안 보이게 되기 때문이다.

가운데 정렬 시 제목은 짧게 쓰는 것이 좋다. 제목이 길어지면 가운데 정렬을 하기에 어려움이 있고 메시지의 흐름에도 끊김이

생겨 가독성이 현저히 떨어지게 된다. 한 가지 팁을 주자면 포토샵에서 900px×900px 사이즈의 정사각형 카드뉴스 제작 시 폰트 크기는 120pt, 폰트의 가로 비율 90%, 자간 설정은 -40을 선택하면 좋다.

오른쪽 정렬은 자주 사용하지 않는다. 가독성이 매우 떨어지기 때문이다. 사람들은 대부분 왼쪽에서 오른쪽으로 시선이 향하기 때문에 오른쪽 정렬은 시선을 분산시킨다. 오른쪽 정렬은 카드뉴스 내용의 강약을 조절할 때 간혹 사용되기도 하지만 그 사용횟수는 많지 않다.

　예시에서도 확인했듯 폰트 정렬만 잘해도 가독성을 높일 수 있다. 이 글에서 알려 주는 규칙대로 적용해 가독성을 높여 사람들이 당신의 카드뉴스를 읽도록 해야 한다.

04
이미지 위 텍스트를 잘 보이게 하는 2가지 방법

김도사

카드뉴스를 벤치마킹하다 보면 텍스트가 배경 이미지에 묻혀 잘 보이지 않는 것을 많이 보게 된다. 텍스트를 잘 보이게 하기 위해선 2가지 방법이 있다.

첫째, '텍스트에 효과 주기'다. 이 방법은 다양하게 적용해 볼 수 있다. 폰트의 크기, 폰트의 종류, 색상, 그림자 효과 주기 등으로 얼마든지 텍스트를 돋보이게 할 수 있다.

① 파워포인트에서 이미지를 불러온 후 슬라이드에 맞게 사이즈와 위치를 조정한다. 이미지를 더블 클릭한 후 자르기 기능을

활용하면 된다.

② 텍스트 상자를 활용해 텍스트를 입력한다. 폰트는 'Tmon'체, 크기는 88pt, 폰트 색상은 흰색으로 설정한다. 배경이 어두울수록 폰트의 색상은 보색 대비가 확연한 색을 사용하는 것이 좋다.

③ 텍스트 그림자를 눌러 텍스트를 배경 이미지로부터 분리된 느낌으로 훨씬 돋보이게 한다.

둘째, '배경 이미지의 색상 조정'이다. 채도 변경 및 그라데이션 조정이 있다. 우선, 채도 변경은 파워포인트에서 쉽게 적용할수 있다. 텍스트에 효과를 주는 것이 어렵다면 배경 이미지의 색상을 조절하면 된다.

① 이미지를 더블 클릭하면 다음과 같은 화면이 나온다. 여기서 '색'을 눌러 채도를 변경하면 된다. 채도는 33%로 설정한다. 너무 과하게 채도와 색상을 변경하는 것은 카드뉴스를 읽히게 하는 데 도움이 되지 않는다.

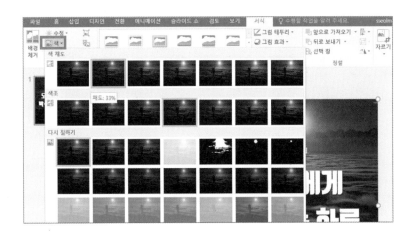

② 배경 이미지에 그라데이션을 적용한다. '홈 → 도형'에서 사
각형을 슬라이드 규격에 맞게 삽입한다.

③ 사각형을 클릭한 후 마우스 우클릭 → '도형 서식'을 클릭
한다. '그라데이션 채우기'를 클릭하고 색을 설정한다. 밝은 계열
로 하면 텍스트를 돋보이게 하는 데 도움이 된다. 색 설정 후 투명
도를 100%로 설정한다.

④ 도형의 선은 '선 없음'을 적용한다.

⑤ 도형 삽입 후 텍스트가 가려지지 않도록 텍스트를 선택하고 마우스 우클릭 → '맨 앞으로 가져오기'를 클릭해 텍스트를 잘 보이도록 배치한다.

전달하려는 메시지를 돋보이게 하는 데는 여러 가지 방법이 있지만 이렇게 2가지 방법을 쉽게 적용해 볼 수 있다. 2가지를 따로 활용할 필요는 없다. 적절히 섞어서 적용하면 오히려 가독성을 높이는 데 효과적이다.

05
텍스트에 그림자 효과 설정하기

김도사

카드뉴스를 제작하다 보면 제목 텍스트에 뚜렷한 효과를 주고 싶을 때가 있다. 텍스트가 잘 보여야 사람들이 내 콘텐츠에 관심을 가지고 문의를 해오게 되기 때문이다. 텍스트가 흐릿하고 잘 보이지 않으면 아무리 좋은 내용이라도 사람들은 끌리지 않는다. 그렇다면 텍스트에 어떠한 효과를 줘야 가독성을 높이고 사람들을 끌어들일 수 있을까?

나의 경우 제목 텍스트에 힘을 굉장히 많이 준다. 이 말은 제목 텍스트에 효과를 많이 설정한다는 의미다.

① 파워포인트의 기본 기능으로 텍스트에 효과를 줄 수 있다.

'삽입 → 텍스트 상자'를 클릭 후 텍스트를 입력한다.

② 입력한 텍스트를 그대로 복사한다. Ctrl + C(복사) 후 Ctrl + V(붙여넣기)를 하면 같은 텍스트가 복사되는 것을 확인할 수 있다.

③ 복사한 텍스트의 색상을 노란색으로 변경한다.

④ 기존 텍스트가 그림자 역할을 해 주는 것이므로 복사한 텍스트의 위치를 적절한 위치로 조정한다.

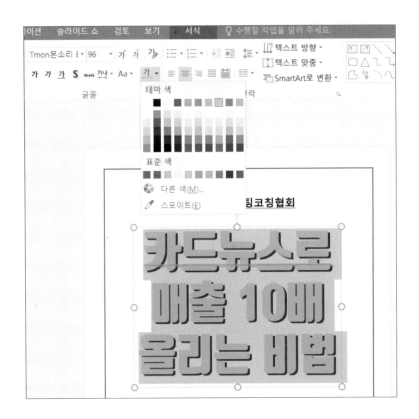

⑤ 이렇게 적용한 텍스트는 그룹핑을 해주는 것이 위치 조정 시 편리하다. 그룹핑은 두 개의 텍스트를 선택한 후 Ctrl+G(그룹 핑)로 적용할 수 있다. 그룹핑 해제는 Ctrl+Shift+G(그룹핑 풀기)다.

완성된 카드뉴스는 파워포인트에서 PNG 파일로 저장 후 활용하면 된다. 이렇게 파워포인트의 기본 기능만으로 얼마든지 카드뉴스의 가독성을 높일 수 있다.

06
내용이 한눈에 들어오는
투명박스 사용법

김도사

카드뉴스 제작에 있어 반복해서 강조하는 부분은 가독성이다. 사람들이 카드뉴스를 읽게 만드는 것은 콘텐츠를 생산하는 자의 역할이다. 사람들은 평소 관심이 있던 글이라도 제목이 끌려야 내용을 읽으려 한다. 그리고 이 내용과 자신의 생각이 일치되는 포인트를 찾아 공감한다. 그에 따라 구매를 결정하게 되는 것이다. 그러므로 모든 것이 카드뉴스 한 장에 들어가 있어야 하는 것이다.

카드뉴스 제작 시 가독성을 높이기 위해서는 텍스트가 단연 돋보여야 한다. 배경 이미지로 인해 텍스트가 잘 보이지 않는다면 아무리 좋은 내용이라도 사람들은 끌리지 않는다. 도형을 활용해 가독성을 높여 보자.

① '삽입 → 그림'을 눌러 이미지를 불러온다. 이미지는 슬라이드에 맞게 사이즈와 위치를 조정한다.

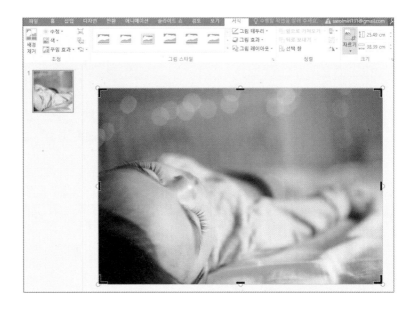

② '삽입 → 도형'을 클릭하고 '모서리가 둥근 직사각형'을 삽입한다. 이것을 사용하는 이유는 부드러운 느낌을 주기 위해서다. 육아와 관련된 주제는 감성적으로 메시지를 전달하는 것이 카드뉴스를 보는 사람의 입장에서 거부감이 적고 보기에도 편안하기 때문이다.

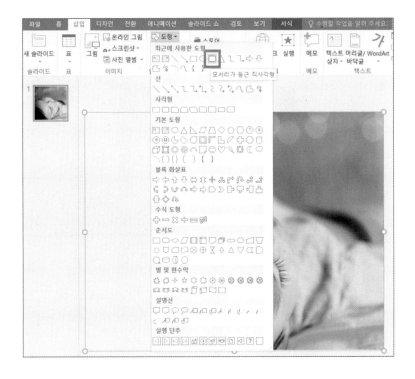

③ 도형 선택 후 마우스 우클릭으로 '텍스트 편집'을 클릭한다. 전달하고자 하는 텍스트를 입력한다. 폰트는 'Tmon'체, 크기는 60pt로 설정한다. '그림자 효과(s)'를 눌러 텍스트가 선명하게 보이도록 한다. 텍스트에서 강조하고 싶은 부분을 선택해 색을 변경한다.

④ 도형 선택 → 마우스 우클릭 후 '도형 서식'을 클릭한다. 도형의 색은 회색으로, 투명도는 30%로 설정한다. 선은 '선 없음'에 체크한다.

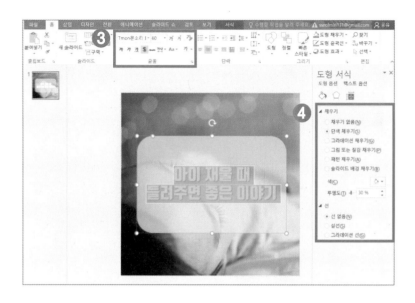

⑤ 자신의 브랜드를 인지시키도록 네이밍이나 로고를 반드시 넣는다. 그래야 사람들이 어디서 이 카드뉴스를 발행했는지 인지하고 찾아올 수 있기 때문이다. 폰트는 제목 텍스트와 반대로 고딕체를 사용해 구분해 주는 것이 보기에 좋다. 폰트 크기는 20pt다.

아이 재울 때
들려주면 좋은 이야기

카드뉴스마케팅코칭협회

⑥ 투명박스를 활용해 내용이 한눈에 들어오는 카드뉴스가 완성되었다. PNG 파일로 저장하면 된다. 아무리 좋은 내용이더라도 가독성이 떨어지면 사람들의 시선에서 멀어지게 된다. 투명박스를 활용해 가독성을 높여 사람들이 읽도록 만들면 매출 상승에 큰 도움이 된다.

07

사각 도형을 삽입해 효과 주기

김도사

사각 도형을 삽입하는 것은 카드뉴스의 가독성을 높이는 방법 중 가장 흔하게 사용되는 효과다.

① '삽입 → 그림'을 눌러 이미지를 불러온다. 이미지는 슬라이드에 맞게 사이즈와 위치를 조정한다. 이미지를 더블 클릭 후 우측 상단의 '자르기' 기능을 활용한다.

② '삽입 → 도형' 메뉴에서 '사각형' 도형을 클릭한다. 그다음
사각형을 슬라이드에 삽입한다.

③ 사각형 도형 삽입 후 마우스 우클릭 → 도형 서식을 클릭한다. 오른쪽에 '도형 서식' 메뉴가 뜬다. '채우기' 색상은 회색, 투명도는 12%로 지정한다. '선'은 '선 없음'으로 지정한다. 그래야 사각형이 깔끔해지기 때문이다.

④ '삽입 → 텍스트 상자'를 클릭 후 제목을 입력한다. 제목 폰트는 'Tmon'체이고 사이즈는 72pt다. 폰트의 색상은 흰색으로 설정한다.

⑤ 카드뉴스에는 기본적으로 자신의 브랜드를 알리는 네이밍 또는 이름을 명확히 써 주는 것이 좋다. 그래야만 사람들이 출처를 보고 어디서 발행한 콘텐츠인지 확인한 후 당신에게 연락을 해 올 가능성이 높기 때문이다. 사각형 도형 또는 끝이 둥근 사각형 도형도 응용해서 활용할 수 있다. 제작 완료된 카드뉴스는 PNG 파일로 저장한다.

카드뉴스로
매출 10배 올리는 비법

카드뉴스마케팅코칭협회

카드뉴스마케팅코칭협회

카드뉴스로
매출 10배
올리는 비법

08
이미지에 그라데이션 설정하기

김도사

이미지에 그라데이션 효과를 주면 가독성이 높아진다. 배경 이미지의 색이 튀거나 화려할 때 활용하면 좋다. 그라데이션 효과를 통해 사진과 텍스트의 조화를 이루고 균형 잡힌 카드뉴스를 제작해 보자.

① '삽입'에서 이미지를 불러온 뒤 슬라이드에 맞춰 조정한다. 이미지를 더블 클릭하면 우측 상단 '자르기' 기능을 활용해 조정할 수 있다.

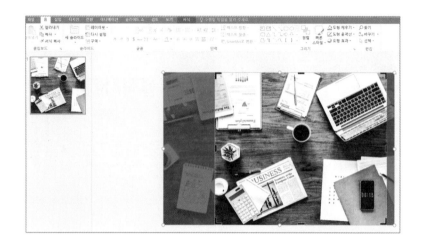

② '삽입 → 도형 → 사각형'을 클릭한다. 사각형 도형을 슬라이드에 맞게 드래그해 삽입한다.

③ '도형 선택 → 마우스 우클릭 → 도형 서식'을 클릭한다. 도

형 서식에서 '그라데이션 채우기'를 클릭한다. 종류는 '선형', 그라데이션 중지점은 마우스로 클릭 후 앞뒤로 조정이 가능하다. 그라데이션 색은 밝은 주황색으로 한다. 1~4꼭지점 위치는 23%, 75%, 83%, 100%로 설정하고 투명도는 순서대로 80%, 40%, 57%, 50%로 설정한다. 밝기는 60%, 80%, 60%, 14%로 설정한다. 마지막으로 '선 → 선 없음'을 클릭한다.

④ '삽입 → 텍스트 상자'를 클릭하고 텍스트를 입력한다. 폰트의 종류는 'Tmon'체이고 사이즈는 88pt다. 그림자 기능을 클릭해 텍스트에 선명함을 더한다. 만약 텍스트가 잘 보이지 않는다면 텍스트 하나를 복사해 폰트 색을 검정색으로 바꾼다. 그다음 기존

텍스트 박스와 순서를 변경한다. 텍스트 박스 클릭 후 마우스 우
클릭해 '맨 뒤로 보내기 → 뒤로 보내기'를 누른다. 그러면 텍스트
가 훨씬 더 선명하게 보인다.

⑤ 자신의 브랜드명을 반드시 남겨 두어야 한다. 그래야만 사람들이 콘텐츠를 보고 당신을 찾아오게 된다. 완성된 카드뉴스는 PNG 파일로 저장한다.

PART 5

잘 팔리는
카드뉴스 디자인 유형
7가지

01
감성을 자극하는
스토리텔링형 카드뉴스

설미리

사람들의 시선을 가장 쉽게 사로잡는 카드뉴스의 유형은 단연 스토리텔링이다. 왜일까? 이미 많은 사람들이 대부분의 정보를 광고로 인식하고 있다. 당신의 고객은 똑똑하며 많은 정보를 알고 있다. 더 이상 얄팍한 꼼수를 부리는 광고에 흥미를 느끼지 못한다. 그래서 거부감이 덜하고 감정적으로 소통하려는 감성 콘텐츠를 기대한다. 그런 면에서 스토리텔링 카드뉴스는 아직까지도 사람들에게 반응이 좋다.

페이스북 '열정에 기름붓기' 페이지다. 대표적으로 스토리텔링 카드뉴스를 생산해 내고 있다. '좋아요', '댓글', '공유' 횟수가 굉장한 수치다. 물론, 이 수치만으로 사람들의 행동 변화와 매출을 그대로 나타낸다는 말은 아니다. 사람들이 좋아하고 호응하는 콘텐츠의 유형을 설명하기 위한 예시로 참고하기 바란다.

요즘 이곳에서 생산해 내는 스토리텔링 카드뉴스도 조금씩 변화가 시작되었다. 세계적으로 유명한 위인과 더불어 실제적인 사례를 바탕으로 한 스토리텔링 카드뉴스를 생산해 내고 있다. 제작기법은 동일하지만 소재의 시점의 차이가 다르다. 기존에는 아주 오래된 위인의 명언도 노출했지만 최근에는 우리가 흔히 성공자로 알고 있는 위인의 성공 전의 모습을 대조적으로 그려내고 있다. 이것만 보더라도 감성 콘텐츠로 사람들과 공감하고 소통하는 것은 매우 중요한 부분이 되었다.

스토리텔링 카드뉴스는 20장 이상으로 제작된다. 정보형 카드뉴스 외 기타 카드뉴스 유형은 장수가 많은 것이 오히려 도움이 되지 않지만 스토리텔링 카드뉴스는 장수가 많아도 끝까지 읽게 되는 심리적인 부분이 생긴다. 모든 카드뉴스 제작에 적용되지만 스토리텔링 카드뉴스로 홍보 효과를 극대화하기 위해서는 나름의 규칙이 존재한다.

이 4단계 규칙은 스토리텔링 과정 단계다. 이를 적용하면 사람들의 반응을 긍정적으로 끌어올 수 있다.

첫째, '확인'은 타깃에게 명확하게 전달되는 메시지가 주로 담긴다. 예를 들면, "워킹맘, 오늘도 퇴사를 고민합니다." 등 타깃이 명확한 메시지를 전달하는 것이다. 이 단계에서 사람들은 카드뉴스를 더 볼지 말지 판단하게 된다. 자신에게 해당이 되는 주제에 동질감을 느끼는 것이다.

둘째, '공감' 단계다. 워킹맘의 고민을 스토리로 푸는 것이다. 아이가 아픈데도 다른 사람에게 맡기고 출근해야 할 때, 항상 자신을 희생하고 개인적인 시간을 갖지 못할 때 등을 스토리로 연결해 공감을 불러오는 것이다. 이 부분에서 설득하려고 하는 것은 도움이 되지 않는다. 설득이 아닌 공감이 먼저임을 명심해야 한다. 공감을 사지 않고 바로 설득하는 입장으로 스토리를 전개하면 사람들은 거부감을 느낄 것이다. 공감 부분의 내용이 스토리로 전개되기 때문에 이 부분의 카드뉴스 장수가 차지하는 비중이 크다.

셋째, '유도' 단계는 해결책보다는 자신의 경험을 통해 극복한 방법을 전달하는 것이다. 이 부분 역시 스토리로 풀어가는 것이 좋다. 자신이 경험한 것을 토대로 어떤 상황에서 어떤 행동을 했을 때 어떻게 변화되었는지 하는 결과를 스토리로 설명하는 단계다.

넷째, '신뢰' 단계는 말 그대로 신뢰를 주는 것이다. 비즈니스적인 측면에서 이를 활용한다면 자신의 수상경력 등 이력을 어필하는 단계다. 스토리텔링 카드뉴스에서는 이 부분이 한 장으로 끝나는 것이 적합하다. 이 부분이 2장 이상이면 결과적으로 광고로 인식될 것이 뻔하기 때문이다.

사람들은 감정에 따라 기억하고 관심을 갖는다. 단순한 광고로는 매출 상승을 기대하기 어렵다. 자신만의 콘텐츠로 마케팅 활동을 이어가고 싶다면 070 4414 3780으로 연락하면 된다. 감성을 자극하는 스토리텔링형 카드뉴스로 사람들의 시선을 사로잡는 비법을 알려 줄 수 있다. 전문가에게 제대로 배워야 시간과 돈을 절약하고 빠르게 성공할 수 있다.

02
정보 제공형 카드뉴스

설미리

정보 제공형 카드뉴스는 말 그대로 정보를 제공하는 것이다. 보통 정보 제공형 카드뉴스의 텍스트에는 '방법', '노하우'가 들어간다. 예를 들면 "카드뉴스로 매출 10배 올리는 방법 또는 노하우 5가지" 등이 있다. 사람들은 자신이 알고 있는 정보라 할지라도 또 다른 정보가 있는지 호기심에서라도 카드뉴스를 한 번씩은 눌러 본다.

　나는 카드뉴스 제작 과정을 듣는 수강생들에게 먼저 '정보 제공형' 카드뉴스를 제작하길 권하고 있다. 왜냐하면 처음 카드뉴스를 만드는 사람들은 잘된 카드뉴스를 보며 자신도 잘 만들고 싶은 욕심을 내기 때문이다. 카드뉴스를 잘 만드는 것도 중요하지만 그 안에 어떠한 내용을 담아낼 것인지가 관건이다. 그렇기 때문에 초보자도 쉽게 제작할 수 있는 유형의 카드뉴스인 정보 제공형을 먼저 만들어 보라고 하는 것이다.

　나는 바이럴 마케팅 회사에서 카카오스토리를 통해 교육상품을 홍보하는 정보 제공형 카드뉴스를 노출하기 시작했다. 그리고 카드뉴스가 점진적으로 공유되는 것을 발견했다. 분석 결과, 사람들이 카드뉴스를 공유하는 이유는 아주 사소한 데 있었다. 지금 당장 자신에게 유익하다고 판단했기 때문이다. 그리고 언젠가 다시 볼 것이라는 생각으로 공유하는 것이었다.

　카드뉴스도 하나의 전략이다. 정보 제공형 카드뉴스로 페이스북 페이지를 운영해 잠재고객과 팬을 확보한다면 매출은 수직 상승할 수 있다. 특히 정보 제공형 카드뉴스가 자신의 페이지에 꾸준히 쌓이면 사람들은 이곳을 '유익한 채널'이라고 판단하게 될 것이다. 이곳에 가면 자신이 원하는 정보를 얻을 수 있다는 인지를 하고 나중에 페이지를 재방문하게 되는 것이다. 비즈니스에 큰 도움을 받게 되는 기회다.

정보 제공형 카드뉴스에서 더 나아가 즉각적인 성과로 이어지게 하기 위해서는 행동의 변화를 유도하는 텍스트를 사용하면 된다. 단순히 정보를 제공하는 것에서 그칠 것이 아니라 당신의 말에 귀를 기울이도록 상대에게 행동의 변화를 일으키는 것이다. 즉, 상대방이 정보 제공형 카드뉴스를 보고 나서 해야 하는 행동이 무엇인지를 생각해 봐야 한다.

정보를 전달하고 이에 따라 상대방이 취해야 할 행동을 구분해 주어야 한다. 왜냐하면 유익한 정보를 제공한 것과는 별개로 상대방에게 지금 당장 행동하라고 명확히 사인을 주어야 하기 때문이

다. 그러면 대부분의 사람들은 당신의 카드뉴스를 보고 '아, 이렇게 해야 바뀌겠네'라는 생각을 하게 되는 것이다. 예를 들어 마케팅 교육에 대한 정보를 제공하고자 한다면 구체적이고 명확하게 안내해야 한다. "카드뉴스 마케팅 교육을 듣고 싶다면 댓글로 '신청합니다'라고 남겨 주세요." 또는 "마케팅 교육 신청자는 아래의 연락처로 문자 남겨 주세요."라고 명확하게 전달해야 하는 것이다. 그래야 사람들이 쉽게 인지하고 신청 역시 빠르게 할 수 있게 되는 것이다.

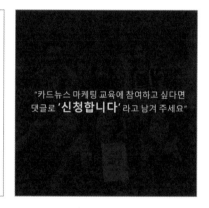

다시 한번 강조하고 싶은 부분은 '고객과의 소통'이다. 고객과 소통을 하기 위해서는 내가 중심이 되는 것이 아니라 고객의 입장에서 생각해야 한다. 고객의 입장에서 그들이 어떠한 정보를 얻었을 때 움직이고 행동하게 되는지를 끊임없이 연구해야 한다. 나는 당연하게 알고 있는 정보라 생략할 수도 있는 것들이 고객의 입장에서는 전혀 인지되고 있지 못할 확률이 높다. 그렇기 때문에 정보 제공형 카드뉴스로 고객의 행동으로까지 연결되게 하려면 아주 작은 정보라도 고객의 입장에서 생각해야 하고 행동 유도에 대한 메시지도 명확하게 구분지어 전달해야 하는 것이다.

03
질문형 카드뉴스

설미리

온라인에서의 모든 문서는 제목과 내용으로 나뉜다. 즉, 헤드라인이 되는 '제목'을 어떻게 쓰느냐에 따라서 사람들은 클릭을 할지 말지 판단한다. 온라인에는 수많은 콘텐츠와 글이 존재한다. 그중에서도 단연 나의 콘텐츠와 글이 돋보이게 하려면 제목을 설정할 때 심리적인 부분을 고려해야 한다. 사람들이 모바일로 콘텐츠를 습득하는 데는 불과 3초밖에 걸리지 않는다. 그 짧은 시간에 자신에게 이익이 되는 정보를 찾고 판단하는 것이다. 자신에게 유익한 정보라고 생각되지 않는다면 바로 이탈한다. 따라서 사람들의 관심을 끌 수 있는 헤드라인 설정은 매우 중요한 부분이다.

카드뉴스 외에도 질문형의 제목을 작성하는 경우가 많다. 그 이유는 사람들의 호기심을 자극하기 위해서다. 일반적인 제목과 달리 질문형의 제목은 반사적으로 자신의 머릿속에 대답을 떠올리게 되기 때문이다.

질문형 카드뉴스에 '비결', '이유', '비밀', '진실' 등의 요소가 들어가면 효과적이다. 잘 팔리는 카드뉴스의 특징은 절대로 처음부터 많은 정보를 제공하지 않는 것이다. 예를 들어 "바쁘기만 하고 성과가 없는 일이어서는 안 된다."라는 일반적인 제목의 카드뉴스를 더 보고 싶고 클릭해 보고 싶다는 생각이 드는가? 제목을 달리해 "당신이 성과 없이 바쁘기만 한 이유"라고 쓴다면 어떨까? 전달하고자 하는 바가 훨씬 명확하고 왜 그러한지에 대한 이유를 알고 싶어지는 욕구가 생기게 된다. 무엇보다 '당신'이라는 2인칭을 써서 집중도를 높이는 데에도 한몫한다.

카드뉴스의 핵심은 문구다. 이 문구 하나로 사람들의 시선을

사로잡을 수 있고 흘려보내기도 한다. 그래서 대부분 카드뉴스의 문구는 두괄식으로 작성된다. 카드뉴스는 전하고자 하는 메시지를 강력하고 빠르게 전달해야 하는 콘텐츠이기 때문이다. 여기서 중요한 것이 하나 더 있다. 가장 중요한 해결책을 제시하지 말라는 것이다. 결론에 해결책을 이야기한다면 사람들은 '아, 그렇구나' 생각하고 끝날 것이다.

내가 화장품 세일즈를 잠시 했을 때다. 몹시도 성공하고 싶고 돈을 많이 벌고 싶은 생각에 아무런 준비도 없이 방문판매 사업에 뛰어들었다. 나는 무작정 제품 하나만을 들고 얼굴 한번 본 적 없는 옷가게며 부동산 등 문이 열린 가게에 들어가 세일즈를 했다. 용기를 내서 가게 문을 열고 들어갔지만 정작 할 말이 생각나지 않았다. 방문판매 회사에서 알려준 대로 회사 소개를 앵무새처럼 읊은 뒤 "샘플 하나 두고 갈 테니 써 보세요."라는 말을 남기고 돌아서길 반복했다. 당연히 매출로 이어지진 않았다. 이렇게 해서는 절대로 성과가 나지 않겠다는 생각이 들어 재차 점검하기 시작했다.

다음 날에는 조금 더 용기를 내어 고객의 피부 고민을 묻기 시작했다. 나는 쉴 새 없이 사람들에게 질문만 해댔다. 용기를 내서 처음 보는 사람들에게 말을 걸긴 했지만 바쁘다고 거절하는 사람들에게 상처받을까 봐 겁이 나서였다. 사람들은 나의 질문에 대답은 했지만 그렇다고 내게 제품을 사려고 하는 이들은 없었다. 가격이 비싸다는 말과 함께 필요하면 지인에게 구입하겠다고 했다.

다음 날에는 집 근처 피부관리숍을 찾았다. 내가 파는 제품을 피부관리숍에 판매해 보겠다는 목표를 삼고 찾아간 것이었다. 사장님과의 제품 판매에 대한 대화는 그리 길지 않았다. 이미 내가 판매하는 제품을 사용 중이었고 회사의 방침상 이미 사용하고 있는 고객에게 판매하는 것은 금지되어 있었기 때문이다. 미칠 노릇이었다. 시간은 흘러가고 갖은 노력은 다했지만 성과로 이어지지 않아 답답했다. 그러다 우연히 카카오스토리에 올라온 세일즈 선배의 글을 보게 되었다.

사실상 자신의 일상을 빗대어 광고하는 글이었지만 나에게는 굉장한 충격을 주었다. 질문형의 글이었다. 정확한 질문은 기억나지 않지만 '관점의 전환'을 일깨워 주었다. 선배의 글은 보통 사람들이 느끼기에 굉장히 평범한 글일지도 모른다. 그럼에도 내가 충격을 받은 것은 질문을 던져 스스로 생각하게 한다는 점에서였다. 이 질문은 이미 결론이 정해진 것이었다. 이 질문을 통해 사람들은 자신의 경험과 생각의 기준에서 답을 찾으려고 하는 것이다. 나 역시 선배의 글을 보고 내 기준에서 답을 찾으려 했고 궁금해서 긴 글을 끝까지 읽어 내려갔다.

해결책은 마지막에 짧고 간결하게 한 줄로 정리되어 있었다. 해결책이 단순하고 짧아야 하는 이유는 단 하나다. 이미 질문에서 결론을 이야기해 주었고 글을 읽는 내내 사람들은 공감했을 것이다. 그리고 글의 끝에는 신뢰를 주는 한마디면 충분하다. 질문형 카드뉴스도 이런 단계를 거치게 된다. 이미 질문에 대한 결론은 정해진 것이다. 이 질문으로 어떻게 사람들의 공감을 사고 끝까지 읽게 하느냐가 중요하다. 그리고 마지막에 해결책을 제공하는 것이다. 지금 글을 읽고 있는 사람이 어떻게 행동해야 하는지 명확하게 정리해 주는 것이 중요하다. 그래야 자신이 무엇을 해야 하는지 인지하게 되기 때문이다. 선배의 글은 내가 가장 힘들 때 최고의 도움을 준 선물과도 같은 것이었다.

질문형 카드뉴스는 고객을 사로잡고 매출을 끌어올려 주는 강력한 마케팅 도구다. 질문 하나로 사람들은 당신의 이야기에 집중하게 된다. 해결책을 제시해 줄 수 있는 전문가로 인식하게 되는 것이다. 화려한 말기술이나 언변이 아닌 질문 하나로도 고객을 움직이게 만들 수 있고 당신에게 연락이 오게 만들 수도 있다. 그러기 위해서는 고객을 잘 알아야 한다. 고객의 입장에서 생각해 보는 것이 가장 쉽게 접근하는 법이다. 내가 누군가의 고객이라면 어떠한 부분이 아쉬웠으며, 서운했던 점 또는 내게 어떠한 서비스를 제공했을 때 만족했는가 하는 것 등을 떠올려 보는 것도 좋다. 이러한 요소들이 포함된 질문형 카드뉴스를 당신의 SNS에 노출한다면 앞으로 큰 성과를 얻게 될 것이다.

04
명언형 카드뉴스

설미리

많은 사람들은 성공한 사람들을 동경하고 그들을 닮고 싶어 한다. 그들의 생각, 마음가짐, 성공법칙 등을 모방하는 사람들도 많다. 그래서 사람들은 성공한 자들의 말을 명언으로 받아들여 자신의 삶에 도움을 얻고자 한다. 명언은 위기를 극복할 수 있는 용기를 북돋아 주기도 하고 성공에 대한 의지를 다지는 데 도움을 주기 때문이다.

명언형 카드뉴스는 힘을 들여 제작하지 않아도 그 자체로 마케팅 효과를 볼 수 있다. 이미 유명인사의 사진과 말을 활용했기 때문에 사람들의 눈에 띄게 된다. 사람들은 이런 명언형 카드뉴스에 호응하고 반응한다. 명언형 카드뉴스로 빠른 홍보 효과를 확인할 수 있지만 향후에는 자신이 이 명언형 카드뉴스의 주인이 되어야 한다. 당장에 유명인사가 되라는 말은 아니다. 성공한 자의 위치에서 자신의 생각, 가치관, 비전 등을 명언 카드뉴스로 제작해 SNS에 꾸준히 홍보한다면 사람들은 당신을 만나고 싶어 하게 될 것이다.

명언형 카드뉴스의 소재는 다양하다. 성공, 미래, 꿈 등에 대한 소재도 사람들에게 호응을 얻지만 다이어트, 결혼, 연애 등에 대한 소재도 사람들에게 인기가 높다. 다이어트의 경우 동기부여에 대한 카드뉴스를 제작할 수 있고 결혼, 연애 소재는 사람들의 공감을 사고 콘텐츠로 소통할 수 있는 마케팅 도구가 되기 때문이다.

카드뉴스 중 명언형 카드뉴스가 가장 사람들에게 쉽게 접근할 수 있고 반응이 좋은 이유는 감정에 있다. 공감을 통해 사람들은 상대방과 서로 '통한다'는 느낌을 갖게 된다. 실제 친구와 대화하는 모습을 생각해 보면 쉽게 이해할 수 있을 것이다. 나의 이야기를 잘 들어 주고 맞장구를 잘 쳐 주는 친구에게 더 이야기하고 싶고 공감을 받고 싶지 않은가. 명언형 카드뉴스도 이와 같은 효과를 발휘하는 것이다.

명언형 카드뉴스는 끌리는 매력이 있다. 왠지 모르게 끌리는 사람들에게는 특별함이 있다. 내가 만나본 끌리는 사람들은 대부분 상대방을 이끄는 능력이 탁월했다. 공감능력뿐만 아니라 긍정 에너지가 엄청난 사람들이다. 사실 세상을 살다 보면 힘들고 고통스러운 일의 연속이다. 끌리는 사람들이 다른 이유는 그런 어려움을 극복하고 다른 사람들에게도 이겨 낼 수 있는 용기와 힘을 주는 것에 있다. 끊임없이 도전하고 앞서가는 성공자의 입장에서 상대방을 이끌어 주는 것이다.

나는 25세부터 꾸준히 한 사람의 SNS를 지켜봐 왔다. 늘 대단하다고 여기는 사람이다. 처음에는 '저 사람이니까 할 수 있지'라는 생각을 하기도 했었다. 그러나 그가 한마디 한마디 적어 내려간 SNS 글은 내게 동기부여가 됐고 용기를 주었다. 그는 바로 〈카마협〉을 함께 운영하고 있는 신상희 대표다. 나는 그의 글 하나로 용기를 내 그와 함께 꿈을 향해 매일같이 도전하는 삶을 살고 있다. 두려움과 겁이 많은 내가 도전할 수 있었던 계기는 신상희 대표의 주옥같은 명언을 보고 난 후였다. 그녀는 항상 끌리는 명언으로 내게 동기부여해 주고 용기를 준다.

명언형 카드뉴스는 끌리는 매력으로 고객과 소통하는 콘텐츠다. 고객과 가까워지고 친해질 수 있는 강력한 도구인 것이다. 명언은 사람들에게 움직일 수 있는 기운과 에너지를 제공해 준다. 누구나 성공을 꿈꾼다. 자신이 성공해야 하는 이유를 잘 알고 있는 사람도 많다. 그럼에도 변화하는 것이 쉽지 않기 때문에 명언형 카드뉴스로 위안을 삼기도 하고 기운을 얻고자 한다. 만약 성공은 하고 싶지만 방법을 모르거나 어떻게 해야 성공의 에너지를 받는 입장이 아닌 주는 입장이 되는지 알고 싶다면 방법은 하나다. 자신의 생각, 가치관, 비전, 꿈 등에 대해 명언형 카드뉴스를 만들어 지금 당장 SNS에 노출하는 것이다. 이것을 반복적으로 꾸준히 하면 어느새 사람들은 당신의 이야기에 귀를 기울이며 당신의 제품을 구매하고자 문의해 오게 될 것이다.

05
자극형 카드뉴스

설미리

당신은 고객이 행동하게 하는 방법에 대해 잘 알고 있는가? 고객이 행동하도록 유도하는 진정한 의미는 내게 문의를 해 오게 만들고 나의 상품을 구매하도록 만드는 것이다. 나는 이 방법에 대한 노하우를 누구보다 확실하게 쌓아 오고 있다. 사실 이 노하우를 사람들에게 조언해 주면 "그게 무슨 노하우냐?"며 반발하기도 한다. 일반적인 정보라고 생각하겠지만 틀림없는 노하우다. 왜냐하면 나는 아직도 이 노하우로 고객이 행동하도록 유도하고 있기 때문이다.

고객이 행동하도록 유도하려면 고객을 자극해야 한다. 이 글에서는 고객을 자극하는 요소를 강조한 카드뉴스에 대해 설명하고자 한다. '기적', '경악', '충격', '최초의', '마지막', '놀라운', '독

점', '한정', '제안', '긴급', '서두르십시오' 등은 고객을 자극하는 단어들이다. 자극적이지만 고객의 시선을 사로잡을 수밖에 없다. 사람들은 이러한 표현들도 광고라고 느끼지만 클릭할 확률이 높고 정보를 숙지하게 되는 효과가 있다.

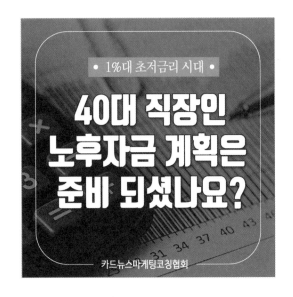

좀 더 나아가 고객이 행동하도록 하기 위한 자극을 주는 요소로는 4가지가 있다.

첫째, '불안'을 강조하는 것이다. 이 단어는 주로 보험, 경매, 투자 관련 업계에서 많이 활용한다. 사람들은 눈에 보이지 않는 것에 쉽사리 믿음을 갖지 못한다. 그래서 더욱 자극을 주고 일깨워 주는 역할이 필요하다. 이를 통해 두려움을 느낀 사람이라면 각성하는 수준이 올라가고 자신이 앞으로 어떻게 행동해야 하는가에 대한 동기가 높아지게 된다.

둘째, '손해'를 강조하는 것이다. 이것은 사람들에게 두려움을 제공하는 것인데 그렇다고 신체적 위협을 가하는 것은 아니다. 움직이지 않고 행동하지 않는다면 경제적 손실이 초래됨을 알려 주는 것이다. 예를 들면, "진짜 싼 중고차, 아직도 손해를 보고 계십니까?"처럼 자극을 주는 것이다. 이를 카드뉴스 제작 시 제목으로 활용하면 중고차를 알아보는 타깃에게는 자극이 되고 관심을 끌기에 충분하다.

셋째, '집단심리' 자극이다. 이 표현은 홈쇼핑에서 많이 사용하고 있다. 쇼호스트가 반복적으로 하는 말이 있다. "지난번 품절 대란이 있었던 놀라운 제품이고 이미 방송 시작과 동시에 주문 폭주 중"이라는 말이다. 사실 쇼호스트의 말은 진실 여부를 확인할 길이 없다. 그렇기 때문에 사람들은 '아! 사람들에게 인기가 많은가 보다'라는 생각을 하게 된다. 그러면서 제품을 구매해 그 집단에 소속되고 싶도록 고객을 자극하는 것이다.

넷째, '부정·단정적' 표현이다. 보통 광고 메일이나 문자를 보면 부정적인 표현보다 긍정적인 표현이 주로 이어진다. 그러나 반대로 부정·단정적 표현을 사용하게 되면 반전의 효과를 발휘하게된다. 부정·단정적인 표현을 사용했지만 결과적으로는 긍정적인 결론인 것이다. 마케팅 여왕으로 활동 중인 〈한마협〉 신상희 대표는 자신만의 강력한 슬로건을 내걸었다. "마케팅 여왕은 마케팅하지 않습니다."라는 것이다. 마케팅하는 사람이 마케팅을 하지 않는다는 말은 궁금증과 호기심을 끌어내기에 충분하다. 단정적인 표현 하나로 클릭률을 높여 사람들이 자신의 글을 읽게 하고 수익으로 이어지도록 만드는 것이다.

고객은 쉽게 행동하지 않는다. 자신에게 당장에 필요한 제품이

라 해도 바로 구매하지 않는 대상이 고객이다. 이러한 고객을 움직이게 만들기 위해서는 자극을 주어야만 한다. 고객에게 강권하라는 것이 아니라 필요한 제품을 구매하도록 가치를 부여해 자극하라는 것이다. 그런 의미에서 자극형 카드뉴스는 고객을 행동하도록 만들기에 충분한 콘텐츠다.

06
숫자 및 데이터 제시형 카드뉴스

설미리

숫자 및 데이터 제시형 카드뉴스는 단조로운 텍스트에 생명을 불어넣어 주는 역할을 한다. 숫자를 넣은 카드뉴스는 고객의 시선을 사로잡을 수 있다. 단순히 텍스트만 있는 것보다 명확한 숫자가 제시되어 있는 문구에 사람들은 끌리기 때문이다. 그래서 숫자 및 데이터 제시형 카드뉴스는 구체적이고 강력한 마케팅 도구가 된다.

이 카드뉴스는 블로그 같은, 글의 비중이 어느 정도 필요한 채널에 활용하면 좋다. 숫자형 카드뉴스로 블로그에 홍보하면 사람들은 당신의 블로그 글에 집중하게 된다. 블로그에 사용하는 숫자 및 데이터 제시형 카드뉴스는 사람들의 시선을 사로잡고 행동을 유도한다. 카드뉴스로 정보를 주되 해결책은 블로그 글로 설명하는 것이 효과적이다. 정보와 함께 당신의 글에 집중할 수 있도록 고객의 시선을 사로잡는 전략이 필요하다. 블로그에 숫자형 카드뉴스로 사람들의 시선을 사로잡은 후 공감하고 설득하는 글을 작성하는 것이 좋다.

나는 우리나라 3대 통신기업 중 한 곳의 온라인 마케팅 대행을 담당했었다. 새로운 단말기 또는 서비스가 출시되는 시기에는 더할 나위 없이 바쁜 날을 보내야 했다. 새로운 아이디어를 발굴해야 했고 이 아이디어로 이슈화시키는 일을 해야 했기 때문이다. 생각보다 사람들은 신제품에 대한 관심이 그리 크지 않았다. 이 부분에서 광고대행사의 역할이 더욱 중요한 부분을 차지한다. 우리는 매일 오전, 오후 아이디어 회의를 거쳐 수많은 문서를 작성하는 시간을 보내야 했다. 이 당시 3대 통신사 모두 동일한 단말기를 판매했다. 그러다 보니 특별한 차별화 전략이 필요했다. 이를 위해 아이디어 회의를 하던 중 우리는 광고주 측 서비스가 다른 경쟁 통신사보다 월등하다는 것을 알게 되었다. 그래서 통신사별 할인혜택과 제공 서비스에 대해 숫자로 비교하는 콘텐츠를 제작했다.

이 콘텐츠는 온라인 노출과 동시에 대박이 났다. 사람들은 숫자로 정리한 콘텐츠를 통해 서비스 비교를 확실하게 눈으로 확인할 수 있음에 열광했다. 그 결과 광고주 회사의 브랜드 인지도 역시 높아졌다. 사람들은 통신사를 비교해 가며 광고주 회사에 대한 긍정적인 댓글을 등록했다. 숫자로 된 카드뉴스는 눈에 보이는 가시화된 데이터다. 사람들은 가시화된 데이터에 신뢰를 얻는다. 왜냐하면 멋있는 말 한마디보다 숫자를 더 잘 기억하기 때문이다.

숫자로 된 콘텐츠는 사람들에게 좋은 반응을 얻어낼 수 있다. 사람들은 단순하게 텍스트로 쓰인 글을 읽지 않는다. 지루해하기까지 한다. 이를 숫자로 표현해 카드뉴스로 제작하면 훨씬 더 쉽게 사람들의 시선을 사로잡을 수 있다. 그만큼 카드뉴스에 숫자 및 데이터를 삽입하는 것은 필수다.

숫자 및 데이터 제시형은 사람들에게 기록으로 각인된다. 그리고 그것을 자신의 기억 속에 저장한다. 왜냐하면 자신이 기억하기도 쉽고 상대방에게 설명하기도 쉽기 때문이다. 그리고 숫자 및 데이터 제시형 카드뉴스는 과장된 광고라기보다 유익한 정보라고 생각하기도 한다. 이를 카드뉴스로 제작해 활용한다면 당신만의 차별화된 마케팅을 펼쳐갈 수 있을 것이다.

07
웹툰형 카드뉴스

설미리

웹툰의 파급력은 굉장하다. 인기 있는 웹툰은 드라마나 영화로 만들어지기도 할 정도로 사람들의 큰 호응을 불러온다. 웹툰 시장은 이제 광고 플랫폼으로 손색이 없을 만큼 커졌다. 그중에서도 빼놓고 이야기할 수 없는 것이 웹툰형 카드뉴스다.

웹툰형 카드뉴스는 사람들에게 인지도를 높일 수 있는 수단이다. 딱딱하고 어려운 내용도 웹툰 방식으로 제작하면 사람들이 쉽게 관심을 갖는다. 시각적으로도 이미지와 텍스트로 구성된 것보다 웹툰처럼 삽화가 들어가 있는 카드뉴스가 모바일에서는 더 가독성이 높다.

하지만 만화를 그리고 수정하는 데만 해도 상당한 시간이 필요

하다. 제작은 할 수 있지만 드로잉을 직접 하지 못하는 경우라면
외주 작업자를 활용해야 하기 때문에 지속적으로 웹툰형 카드뉴
스를 발행하고자 한다면 비용도 만만치 않게 발생한다. 웹툰형 카
드뉴스는 장점과 단점이 공존하는 콘텐츠다.

　웹툰형 카드뉴스를 제작해 페이스북 채널에 홍보하면 알 수 있
는 사실은 사람들이 이 캠페인의 슬로건을 인지하고 따라 하게 만
드는 것이 목적이라는 것이다. 웹툰형 카드뉴스 속 모델은 실제 광
고주 측의 광고모델을 활용한 것이었다. 누구라도 광고모델로 인
지할 수 있도록 최대한 비슷하게 그려냈다. 그리고 사람들이 공감

할 만한 주제를 넣어 광고주 회사의 캠페인 슬로건에 대입시켰다.

웹툰형 카드뉴스에 대한 반응은 좋았다. 내가 의도한 대로 웹툰 속 모델의 이미지를 광고주 측의 광고모델로 인식했고, 캠페인과 슬로건 역시 따라하게 만드는 효과가 발생했다. 나는 이 웹툰형 카드뉴스를 다양한 커뮤니티와 SNS에 홍보했다. 웹툰 카드뉴스의 효과를 측정하기 위함이었다. 웹툰형 카드뉴스는 페이스북에서 가장 호응이 좋았다. 카드뉴스에 대한 정확하고 구체적인 피드백을 고객으로부터 받기에 최적의 채널이었다.

출처 : SKT insight

아이디어가 고갈상태라고 생각되던 시기, 재테크 관련 상품 출시 홍보를 맡게 되었다. 나는 이때 웹툰형 카드뉴스로 콘텐츠를 만들어 보기로 했다. 금리 우대에 대한 다소 딱딱하고 어려운 소재를 재미있게 풀어낸 콘텐츠였다. '금리' 우대에 대한 설명을 '금니'로 표현해 사람들에게 관심을 이끌어 낸 것이었다. 사실 스토리는 특별하지 않았다. 그럼에도 분명한 것은 웹툰형 카드뉴스가 사람들에게 인기를 얻기에는 충분한 콘텐츠라는 것이다. 웹툰형 카드뉴스는 홍보효과가 뛰어나기 때문에 광고 콘텐츠로 활용하는 데 손색이 없다.

매출 10배 올리는
카드뉴스 마케팅 비법

초판 1쇄 인쇄 2019년 2월 27일
초판 1쇄 발행 2019년 3월 6일

지 은 이 **김도사, 신상희, 설미리**
펴 낸 이 **권동희**
펴 낸 곳 **위닝북스**
기   획 **김도사**
책임편집 **김진주**
디 자 인 **이혜원**
교정교열 **박고운**
마 케 팅 **강동혁**

출판등록 제312-2012-000040호
주   소 경기도 성남시 분당구 수내동 16-5 오너스타워 407호
전   화 070-4024-7286
이 메 일 no1_winningbooks@naver.com
홈페이지 www.wbooks.co.kr

ⓒ위닝북스(저자와 맺은 특약에 따라 검인을 생략합니다)
ISBN 979-11-6415-007-6 (13320)

이 도서의 국립중앙도서관 출판도서목록(CIP)은 서지정보유통지원시스템
홈페이지(http://seoji.nl.go.kr)와 국가자료공동목록시스템(http://www.nl.go.
kr/kolisnet)에서 이용하실 수 있습니다.(CIP제어번호: CIP2019005485)

위닝북스는 독자 여러분의 책에 관한 아이디어와 원고 투고를 설레는
마음으로 기다리고 있습니다. 책으로 엮기를 원하는 아이디어가 있으신 분은
이메일 no1_winningbooks@naver.com으로 간단한 개요와 취지, 연락
처 등을 보내주세요. 망설이지 말고 문을 두드리세요. 꿈이 이루어집니다.

※ 책값은 뒤표지에 있습니다.
※ 잘못 만들어진 책은 구입하신 서점에서 교환해 드립니다.